Código Bruño

INICIACIÓN A LA ACTIVIDAD EMPRENDEDORA Y EMPRESARIAL

ESO

David Rosendo Ramos (Coordinador)
María Soledad Aneas Franco
Rafael Flores Díaz

Bruño

Índice

Estructura del libro

La unidad

Presentación

Cada una de las unidades comienza con una ilustración que acompaña al **índice de los contenidos de la unidad,** una **cita emprendedora** y un **texto de introducción.**

Desarrollo del proceso emprendedor

Antes de comenzar

Página que da pie a la reflexión y realización de actividades a partir de la lectura de un texto o la observación de una imagen.

Desea y pregunta

Fase de descubrimiento inicial. Plantea interrogantes iniciales en torno a deseos o aspiraciones relacionados con el tema de la unidad.

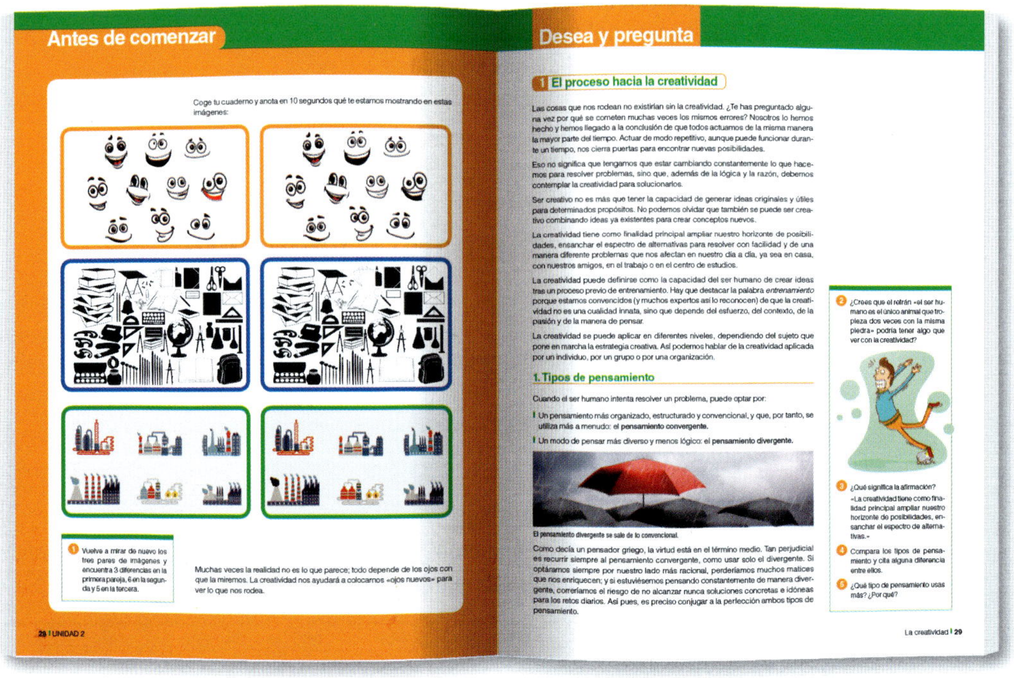

Observa y explora

En esta fase se utilizan los sentidos para mirar alrededor, percibir y conocer.
Después se sondea el tema que se va a tratar.

Vocabulario emprendedor
Se definen los términos del vocabulario emprendedor.

Actividades propuestas
Siempre en el margen.

Gimnasia emprendedora
Se proponen actividades dinámicas de grupo.

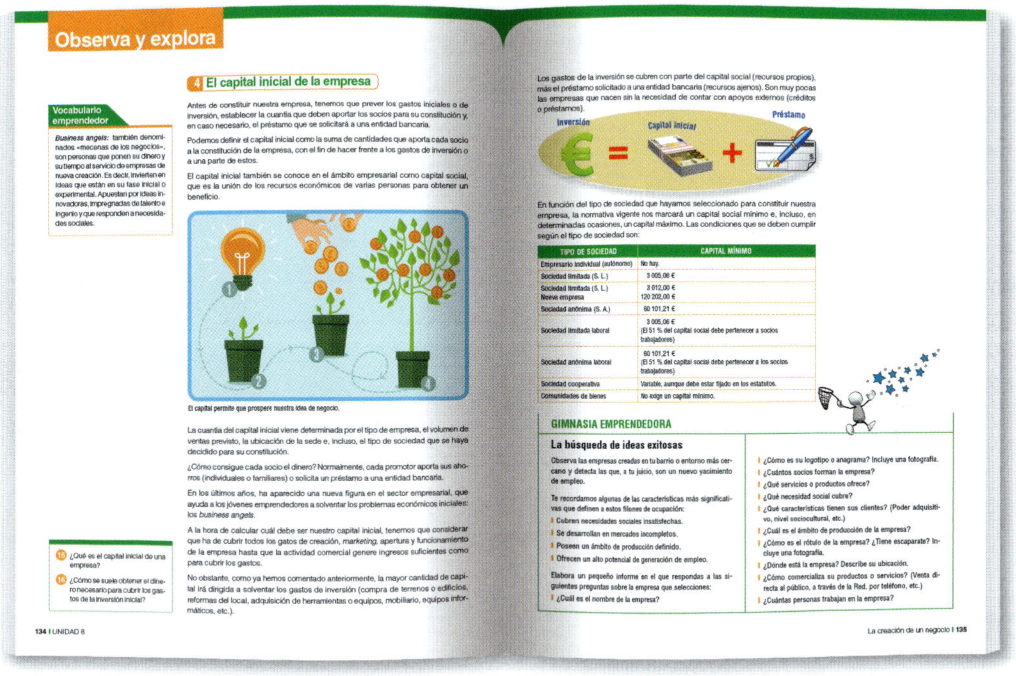

Profundiza y juega

Se profundiza en el tema de la unidad para obtener más información, potenciando la curiosidad y el rigor.

Importante
Concepto destacado por su relevancia.

Para saber más
Ampliación de los contenidos de la página.

Interactúa con el sistema
Se invita al aula a un emprendedor de la comunidad.

Estructura del libro

Cierre

Aplica y logra

Se concreta y materializa lo que se está aprendiendo, y se lleva a la práctica para conseguir un objetivo.

Interioriza

En el «diario emprendedor» se anotan reflexiones acerca de lo que se ha aprendido.

Comparte y ayuda

Se propone la comunicación con los alumnos del siguiente curso.

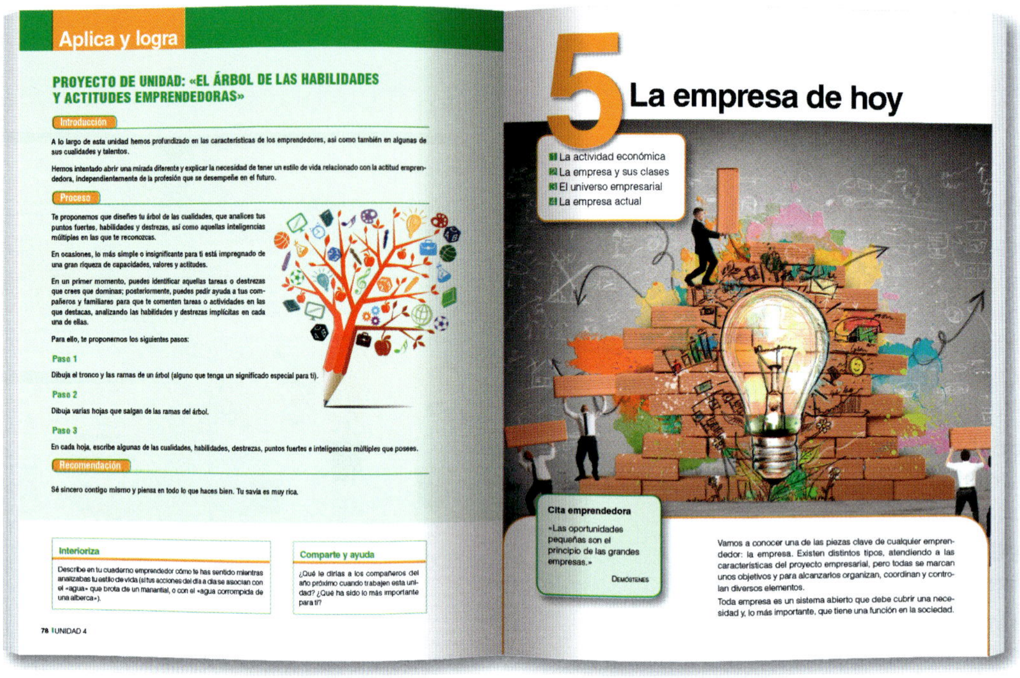

Secciones finales

[Anexo]

[Practica PISA]

Consejos para elaborar un modelo de negocio.
Para trabajar la metodología de las pruebas PISA

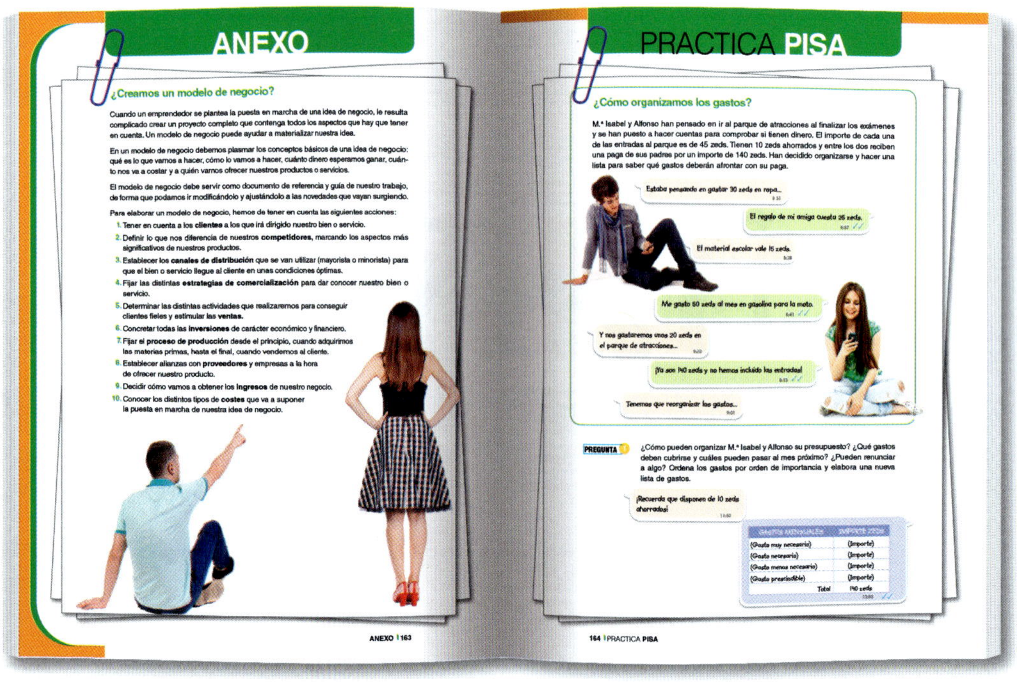

1 Saber quiénes somos

Cita emprendedora

«A la hora de la verdad, que es la de buscarse a sí mismo en lo objetivo, uno olvida todo y se dispone a no ser fiel más que a su propia sinceridad.»

GERARDO DIEGO

A diario, se nos presentan situaciones en la escuela, con las amistades, con la familia…, que debemos resolver lo más satisfactoriamente posible para nosotros y para los demás. La manera en que buscamos respuestas en la vida y las aplicamos está determinada por nuestras características personales, nuestra propia experiencia y el contexto en el que vivimos. Saber quiénes somos nos proporciona una información muy valiosa para afrontar los retos de la vida. Estamos seguros de que te apuntarás a este viaje al centro de ti mismo. ¿Te atreves a explorarte?

Antes de comenzar

Teresa Perales es una nadadora paraolímpica española que ha ganado nada más y nada menos que 22 medallas en natación hasta 2014. Seguro que le quedan muchos más éxitos en su vida profesional.

Provoca tú el cambio

P. ¿La vida es un sueño?

R. Por supuesto. Lo mejor de la vida es poder soñar y comprobar que los sueños son tuyos.

P. Siempre hay luz al final del túnel, pero vamos, que hay túnel...

R. Debemos saber que todo es posible. Yo sé que llego al final de una carrera solo cuando toco la pared. Lo que no tiene sentido es rendirse antes de llegar. Debemos saber que se puede llegar.

P. En esta sociedad que inventa enfermedades, los enfermos nos enseñan a vivir. ¿Me lo explica?

R. Hay personas que demuestran, a través de sus experiencias, que no se dan por vencidas, que otra realidad mejorada es posible. Que la vida no tiene sentido si se trata de ser protagonistas de un drama. Somos capaces de nadar en un océano, pero a veces nos ahogamos en un vaso de agua. Yo quiero ser un estímulo positivo.

P. ¿Le gusta que la llamen «la sirenita»?

R. Me identifico con ella en el agua, pero ni canto bien, ni embeleso...

P. ¿Qué le toca las escamas?

R. ¡La tontería de la gente! Las barreras intransigentes y los estúpidos velos que nos ponemos para no poder crecer. Y también me toca las escamas que seamos capaces de hacer daño a otras personas voluntariamente.

P. ¿Prefiere nadar de espaldas o de frente?

R. De frente, para ver a dónde voy.

P. ¿Cuál es el lema que lleva tatuado por dentro?

R. Si quieres que las cosas cambien, provoca tú el cambio.

Adaptación de la entrevista extraída de la edición digital del 15 de agosto de 2014 del diario *El Mundo*.

1. ¿Qué habilidades especiales crees que puede tener Teresa Perales ahora que la conoces un poco más?
2. Debatid en clase sobre esta idea: «Somos capaces de nadar en un océano, pero a veces nos ahogamos en un vaso de agua».
3. ¿Crees que Teresa Perales se rindió ante las adversidades?
4. Sentaos por parejas. Hazle a tu compañero o compañera las preguntas de la entrevista a nuestra campeona. Poned en común las respuestas.
5. ¿Qué otra pregunta le harías a Teresa?

Desea y pregunta

1 Las habilidades para la vida

¿Habéis oido afirmaciones como «María es una persona muy habilidosa jugando al fútbol» o «Juan tiene una habilidad especial para pintar acuarelas»? En este contexto, la palabra *habilidad* puede entenderse como la capacidad de María para afrontar la final de un partido de fútbol o de Juan para presentarse a un concurso de pintura con posibilidades de quedar en buen lugar.

¿Te imaginas que pudiéramos extender el concepto de habilidad en un determinado tema a la vida en general? Eso es lo que vamos a lograr en esta unidad, si nos ayudas.

Las habilidades para la vida se pueden definir como el conjunto de destrezas que poseemos (si no las tenemos, podemos adquirirlas a través de un entrenamiento) y que, junto con la motivación individual y una serie de actitudes y valores personales dentro del contexto social y cultural en el que nos movemos, pueden conducirnos a una situación más ventajosa en nuestra vida familiar, personal o profesional. ¿A que suena bien?

¿Cómo podemos ser personas habilidosas para la vida? Aquí tienes algunas ideas que te pueden ayudar en ese maravilloso camino.

Conocerte en profundidad

El autoconocimiento nos ayuda a identificar nuestros puntos fuertes y débiles, nuestras actitudes y valores ante la vida, las preferencias, etc. Si somos capaces de identificar los objetivos que queremos alcanzar y cómo llegar hasta ellos, teniendo claras nuestras características y recursos personales, estaremos en el camino correcto.

Ser una persona empática

Para convertirnos en personas tolerantes y comprensivas con las opiniones, comportamientos y actitudes de los demás, hemos de ser capaces de ponernos en el lugar de las personas con las que interaccionamos en nuestro día a día.

Comunicarse de forma clara

Somos asertivos cuando nos comunicamos de una manera clara y directa, respetando la opinión de los demás. Ser asertivo implica expresar las opiniones, sentimientos y necesidades con convicción y sin dar muestras de dominación ni violencia, teniendo presentes los derechos y sentimientos ajenos.

Relacionarse mejor con los demás

Con el desarrollo de esta habilidad, sabemos cómo iniciar, mantener o dar por finalizada la relación con otra persona. Al mismo tiempo, aprenderemos a relacionarnos con nuestro entorno laboral, social o familiar, construyendo ambientes saludables.

6. Clasifica las habilidades para la vida que posees, según el nivel de desarrollo que crees que tienes en cada una de ellas (alto, medio o bajo). Indica cómo mejorarías aquellas que tienes con los niveles más bajos.

7. Selecciona las dos habilidades de la vida que sean más importantes para ti y explica las razones que te han llevado a escogerlas. Confronta tu selección con la de tus compañeros. ¿Cuáles crees que son las habilidades para la vida más importantes de tu padre, de tu madre y de tus hermanos o hermanas?

Desea y pregunta

Para saber más

La «infoxicación» o sobrecarga informativa es uno de los problemas de la sociedad de la información y el conocimiento. Este fenómeno puede llevar a que nos bloqueemos a la hora de tomar decisiones a causa de la gran cantidad de información que está a nuestro alcance y a la imposibilidad de analizarla en su totalidad.

Tener decisión

Somos decididos cuando poseemos la capacidad de provocar acontecimientos sin esperar a que sucedan por sí solos. Los generadores de nuevos escenarios deben tener en cuenta la manera de conseguirlos, evaluando previamente las consecuencias presentes y futuras.

Saber afrontar y resolver conflictos

Debemos conocer la mejor manera de enfrentarnos y gestionar los conflictos para obtener enseñanzas útiles para el futuro. A pesar de la visión negativa de los conflictos, pocas veces se alude a la oportunidad que ofrecen para el cambio y la mejora.

Ser una persona creativa

La creatividad supone la ruptura de lo convencional, de los modelos que tenemos establecidos en nuestra cabeza. Abrirnos a otras formas de ver la realidad nos comportará una riqueza de soluciones que nos hará más brillantes e imaginativos.

Tener pensamiento crítico

El pensamiento crítico hace referencia a la capacidad de analizar la realidad, y de obtener opiniones y conclusiones propias sobre los hechos observados. Este tipo de pensamiento se hace indispensable en el mundo en el que vivimos, ya que estamos sobreexpuestos a la información, estamos «infoxicados». Aceptar sin reflexionar sería lo opuesto al pensamiento crítico.

Estar educado emocionalmente

Esta habilidad se relaciona con las emociones y los sentimientos. Entender cómo reaccionamos interior y exteriormente en función de unas causas externas, nos permitirá conocernos mejor y entender a los demás.

Gestionar adecuadamente las tensiones

Esta habilidad tiene que ver con la destreza de identificar, manejar, reducir y/o eliminar las situaciones tensas sin que supongan estrés ni una merma de la salud física y emocional.

En la mayor parte de las situaciones a las que nos enfrentamos, será necesario el uso de las distintas habilidades para la vida de manera conjunta y coordinada, no de forma aislada. Aunque cada una por sí misma es importante, y algunas pueden ser más útiles en determinadas circunstancias que otras, su efecto es multiplicador y más efectivo cuando se desarrollan en conjunto.

8 Analizad las clasificaciones de habilidades para la vida de cada uno de vosotros y proponed la clasificación colectiva.

Observa y explora

2 El conocimiento de uno mismo

¿Has oído alguna vez a alguien afirmar que tardamos una vida en conocernos? Con ello, se ilustra lo difícil y complejo que es determinar quiénes somos en realidad. Pero, aunque es un proceso laborioso y prolongado en el tiempo, debemos empezarlo cuanto antes, ya que es una de las cuestiones más importantes para el desarrollo pleno de nuestra vida.

Conocerse a uno mismo implica necesariamente repasar todas aquellas cosas a las que damos importancia, las que significan algo para nosotros y que intentamos mejorar, proteger o disfrutar.

El ser humano suele tener un concepto determinado sobre cómo es, cómo actúa y se comporta, qué imagen cree que da en determinadas situaciones, etc., pero esa información es sesgada, no está completa.

Por eso, la mejor manera de completar la opinión que tienes sobre ti es compararla con la que tiene la gente próxima, la que de verdad te importa y se preocupa por ti.

¿Crees que te conoces?

La imagen que tenemos de nosotros mismos, a veces no se corresponde con la realidad.

«Bucear en tus profundidades», reflexionar sobre quién eres y descubrir tus cualidades y defectos, son pilares básicos para que te conozcas mejor.

¿Has empleado muchas veces las frases «este no soy yo» o «nunca creí que fuese capaz de hacer esto»? La respuestas a esta pregunta puede significar dos cosas:

- A lo mejor no has invertido mucho tiempo en pensar sobre ti mismo.
- Es posible que no hayas pensado que pueden existir determinadas circunstancias personales, familiares o laborales que hagan aflorar en ti una serie de comportamientos que nunca hubieras pensado que podrían darse.

A partir de ahora intenta reconocer qué sientes ante algunas situaciones que se presentan en la vida y analiza el modo en que esto condiciona tu forma de pensar y actuar.

9 Ordena los elementos de la siguiente lista en función de la importancia que concedes a cada uno, y añade los que quieras:

- Amistades.
- Familia.
- Ocio y aficiones.
- Amor.
- Estudios.

10 Vamos ahora a describir cómo crees que son tu madre y tu padre (o dos personas muy cercanas a ti), qué imagen transmiten, etc. Entrégales lo que has escrito y que ellos hagan lo mismo contigo. Charlad sobre lo que habéis anotado.

Vocabulario emprendedor

Competencias emocionales: conjunto de conocimientos, capacidades, habilidades y actitudes necesarios para comprender, expresar y regular lo que sentimos, es decir, controlar y disfrutar de nuestras emociones.

3 La inteligencia emocional

Los seres humanos experimentamos sensaciones y reacciones físicas en nuestro cuerpo y sentimos emociones. Educar las emociones significa entrenar y fortalecer las competencias emocionales para desarrollar una vida personal y profesional equilibrada.

Las principales emociones que podemos sentir son la alegría, el afecto, el miedo, la ira y la tristeza. Su combinación crea el llamado mapa de sentimientos de las personas; por ejemplo, el odio es la irá más el miedo. Nuestros sentimientos crean estados de ánimo.

Nuestro cuerpo nos permite manifestar emociones.

¿Cómo nos hacemos más inteligentes desde el punto de vista emocional?

- **Tomando conciencia emocional.** Se trata de reconocer las emociones propias y las de los demás, así como de conocer el clima o estado emocional general de un contexto determinado para entenderlo mejor. Es muy importante dar nombres apropiados a nuestras emociones para saber exactamente qué estamos sintiendo.

  Sin comprender las emociones de los demás y tomar conciencia de que los estados emocionales influyen en el comportamiento, no podremos llegar a regularlos para actuar mejor de cara a los demás y a nosotros mismos.

- **Regulando las emociones.** Hay que saber manejar las emociones y los sentimientos de forma adecuada, incluyendo las estrategias para afrontarlas o controlarlas, o la capacidad para generar emociones positivas, como la alegría y el humor, entre otras.

  La regulación emocional supone:

  - Controlar la ira.
  - Desarrollar tolerancia a la frustración y frente al fracaso para prevenir estados emocionales negativos, como el estrés y la ansiedad.
  - Perseverar en el logro de objetivos, a pesar de las dificultades.
  - Diferir recompensas.
  - Reconducir situaciones emocionales colectivas en diferentes contextos.

- **Logrando autonomía emocional.** Este concepto incluye la autoestima, el desarrollo de una actitud positiva ante la vida, el ejercicio de la responsabilidad individual, así como la capacidad para analizar críticamente la información que recibimos. También la capacidad para buscar y solicitar ayuda y recursos.

Debemos recordar, que cuando sentimos una emoción intensa, podemos realizar ejercicios físicos de relajación y respiración para recuperar nuestro estado emocional.

11. Cita situaciones en las que hayas sentido alegría, miedo, ira, tristeza y afecto. ¿Por qué notas que sientes esa emoción? ¿Pasa algo en tu cuerpo?
12. ¿Que crees que significa la expresión «diferir recompensas»?
13. ¿Cómo actuarías si tuvieras que ayudar a las siguientes personas:
    - A tu madre le han comunicado que va a perder el empleo.
    - Dos amigos están a punto de pelearse en el recreo.
    - Tu hermana ha perdido la final provincial de la liga de fútbol.

4 Las personas resilientes

¿Has oído hablar alguna vez del concepto de resiliencia? La resiliencia puede definirse como la competencia necesaria para superar todo tipo de adversidades o, lo que es lo mismo, es la capacidad que tienen las personas, instituciones y grupos humanos de volver al estado original tras un hecho extraordinario, normalmente negativo, que ha cambiado radicalmente sus circunstancias.

Las personas o sociedades resilientes saben extraer los aprendizajes necesarios para que no vuelvan a producirse hechos negativos o, si se producen, para enfrentarse a ellos con mayor capacidad para una pronta resolución. Diferenciamos:

- Los factores de no resiliencia (antiguamente, llamados factores de riesgo), que ralentizan el proceso de superación de la adversidad.
- Los factores de resiliencia (anteriormente conocidos como factores de protección), que son aquellos que potencian el proceso.

El análisis conjunto de ambos factores en un contexto determinado permite una mayor eficacia en la superación de adversidades o sucesos negativos.

Vocabulario emprendedor

Resiliencia: según la RAE, es la capacidad humana de asumir con flexibilidad situaciones límite y sobreponerse a ellas.

Importante

Resiliencia es sinónimo de aprendizaje y creatividad, porque nos enseña estrategias y recursos o «caminos resilientes» que se pueden tomar en la superación de adversidades.

En caso de desastre natural, la resiliencia tiene como fin preparar a la sociedad y a las personas para la prevención y para que haya un menor número de víctimas y daños.

GIMNASIA EMPRENDEDORA

Los geógrafos de la resiliencia

Seguro que todos hemos vivido situaciones negativas que han hecho que no alcanzáramos los objetivos propuestos y, a pesar de todo, con el tiempo, nos hemos recuperado. Para aprender a analizar las situaciones vividas y nuestros pensamientos y comportamientos, podemos crear mapas de resiliencia. Con esta herramienta ordenamos los factores de resiliencia y no resiliencia que hemos obtenido al analizar nuestras historias de vida para ser más eficaces en el futuro, más resilientes. ¡Comencemos a construir nuestro mapa!

Piensa en un hecho negativo que te haya ocurrido en los últimos años y completa la siguiente tabla con los factores de resiliencia o de no resiliencia del hecho en cuestión. Te ayudamos proporcionándote algunos ejemplos, pero, al ser un hecho personal, desconocemos muchos. Puedes incluir comportamientos y actitudes propios y de otras personas, pensamientos o vivencias que te hicieron sentir bien o mal, decisiones que tomaste, etc. Después, explica cómo conseguiste volver a un estado de normalidad, cómo te recuperaste de ese hecho negativo y anota alguna conclusión para el futuro.

¿Qué te ocurrió?	¿Qué te ayudó a superarlo?	¿Qué dificultades tuviste para superarlo?	Conclusiones y observaciones
Breve descripción	**Factores de resiliencia**	**Factores de no resiliencia**	
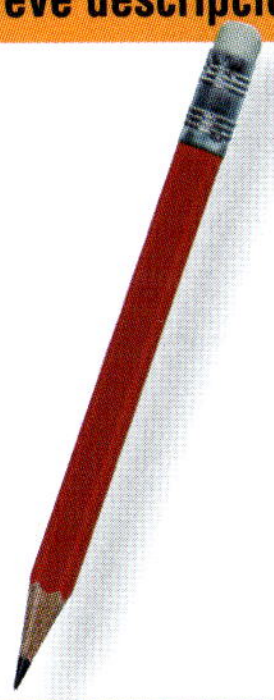	Mi autoestima.	Me aislé.	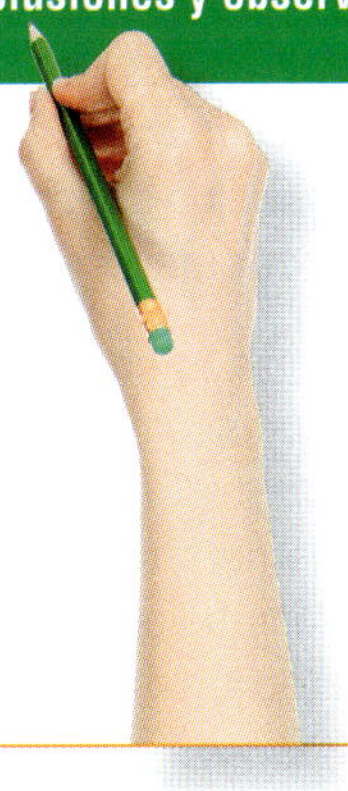
	Tuve una actitud positiva.	Fui retrasando la resolución del problema.	
	Actué con rapidez e iniciativa.	Me creí lo primero que me dijeron.	
	Formé un equipo.	No hice caso a gente de mi alrededor que había pasado por lo mismo.	
	Relativicé y fui capaz de reírme de lo qué pasó.	No pude olvidarlo porque ocurría con frecuencia en mi entorno.	
	Pensé en diversas opciones.	Estaba cansado.	

Profundiza y juega

Sonríe, es gratis.

Importante

Ser una persona resiliente requiere el apoyo de los demás, por lo que, si alguna vez sufres una situación de acoso escolar, no sirve de nada que te hagas el duro; no dudes en ponerte en contacto con tu tutor o tutora.

Muchas de las habilidades para la vida que hemos visto son fundamentales para poder llegar a ser una persona resiliente. Ahora, nos detendremos en otras habilidades que son básicas para su desarrollo: el humorismo y la capacidad de perdonar.

1. El humorismo

El humorismo permite que el ser humano pueda experimentar la risa, pero ¿qué es la risa? Es una reacción psicológica y fisiológica en la que podemos identificar modificaciones y movimientos en diferentes partes de nuestro cuerpo (la cara, el abdomen, etc.), debido a causas positivas o placenteras.

El humorismo utiliza estímulos, como juegos, bromas, chistes, viñetas, cosquillas…, para provocar la risa. En la actualidad, no se sabe muy bien cómo provoca la risa el humorismo, aunque existen algunas teorías sobre ello.

Sin son bienintencionadas, las bromas acercan a las personas.

Existen diferentes tipos de humorismo; a nosotros nos gusta el positivo e inofensivo, ya que el humorismo y los estímulos con los que se provoca la risa también pueden causar sensaciones de ofensa en determinadas personas. Sin embargo, todo es relativo, porque lo que para alguien puede ser ofensivo, para otra persona quizá no lo sea.

El humorismo y la resiliencia

¿Qué tiene que ver el humor con la resiliencia? Tiene mucho que ver, ya que el humor es una forma positiva de enfrentarse a los retos y a los hechos, positivos y negativos, de la vida. Algunas de sus ventajas son:

- Combate emociones negativas, como la ira o la tristeza.
- Reduce los niveles de temperatura de la piel y el ritmo cardíaco, indicadores del nivel de estrés de una persona, que son más altos cuando el estrés aumenta.
- Incrementa la flexibilidad mental y las respuestas creativas.
- Fomenta la cercanía y las relaciones entre personas.
- Genera sensaciones de placer.
- Hace que se adquieran visiones más optimistas de la vida.

14 ¿Conoces a Miguel Gila? Lee en Internet su biografía e intenta relacionar su vida con el tipo de humorismo que desarrolló. ¡No dejes de ver algunos de sus monólogos en los canales de video de Internet!

15 Investiga en Internet sobre la ONG Payasos Sin Fronteras y escribe un mensaje sobre su labor que no supere los 120 caracteres para leerlo en clase.

16 Organizaos en grupos, elegid diferentes temas y contad chistes sobre ellos. Podéis consultar en Internet si no conocéis ninguno. Puntuadlos y elegid el mejor contado y el más gracioso.

Los efectos provocados por el humorismo y la risa hacen que se incremente la capacidad de resistencia frente a los problemas de la vida diaria, por lo que la relación con la resiliencia es clara. El humorismo, así como determinadas estrategias y técnicas, también pueden servir para ayudar a otras personas a evadirse de los problemas.

El humor busca provocar la risa con situaciones y elementos cotidianos.

El humorismo y lo lúdico no ajenos al mundo de la empresa, ya que se pueden usar como válvula de escape para los trabajadores, aumentan el trabajo en equipo y fomentan la creatividad.

Muchas empresas disponen de billares, futbolines o piscinas para que sus empleados puedan usarlos en sus horas de trabajo si están bloqueados. Por tanto, está claro que los aspectos lúdicos no están reñidos con el éxito empresarial, aunque, como es lógico, en la consecución del éxito intervienen muchos otros factores, como el talento y la capacidad de esfuerzo.

Un consejo final: no ahorres con la risa, cuanto más tiempo te rías, mejor: no supone esfuerzo alguno y es asequible a todos lo bolsillos.

2. La capacidad de perdonar

Cuando una persona sufre un agravio o padece alguna situación que es dolorosa o injusta, puede llegar a sentir emociones negativas que entorpecen el proceso para convertirse en una persona resiliente.

El miedo, la ira, el desengaño y la tristeza son emociones que se pueden llegar a sentir tras un agravio. Pasar página, intentar desarrollar acciones positivas hacia la persona objeto del perdón para equilibrar de nuevo la relación o, lo que es lo mismo, perdonar, será fundamental para alcanzar el estado anímico y vital anterior al hecho negativo. Así, la acción de perdonar se convierte en algo para la promoción de la resiliencia.

Los pensamientos que nos llevan a perdonar eliminan sensaciones negativas en nuestro cuerpo, y generan menos estrés y más sensación de control de las situaciones. El perdón no supone olvidar el suceso ni la responsabilidad del autor, ya que eso haría que no se tomaran medidas para evitar que la situación se repitiera en el futuro. No hablamos de venganza ni de rencor, sino de aprendizaje y prevención.

Los motivos que nos impiden perdonar son el miedo a que vuelva a ocurrir lo mismo y las ganas de revancha; mientras que hay otras actitudes que sí nos ayudan a perdonar, como la empatía, entender las razones y motivaciones, pedir perdón con arrepentimiento y cambiar la conducta, así como dialogar con la persona que nos agravió.

Si te pones en el lugar del otro, estás más cerca del perdón.

Profundiza y juega

El proceso de perdonar

¿Cómo se afronta el proceso de perdonar? Debemos seguir estos pasos:

1. Reconocer que nos han hecho daño; si no lo hacemos, no podremos perdonar.
2. Aceptar que tenemos en nuestro interior sentimientos negativos, por ejemplo, miedo o ira. Tenemos que saber cómo nos están afectando para poder contenerlos y no convertirlos en sentimientos de venganza.
3. Hablar de lo que pensamos y sentimos con la gente que nos rodea y nos quiere.
4. Empatizar con la persona que nos ha hecho daño y hacer un esfuerzo por comprenderla. Esta tarea no es fácil, pero entender el contexto y las motivaciones del otro puede disminuir nuestra ira y dolor. Este es uno de los pasos más importantes, y a la vez, más complicados.
5. Convencernos de que queremos superar el odio, el miedo y el deseo de venganza, y que estamos decididos de verdad a perdonar. No es necesario volver a la situación anterior, pero sí acabar con la negatividad.

GIMNASIA EMPRENDEDORA

Perdonando

Chicos y chicas, os vamos a pedir disculpas de antemano por evocar una situación en la que os hayáis sentido ofendidos, pero de este modo podéis aprender mucho de ella sobre resiliencia. No queremos buscar justificación alguna ni que hagáis lo que no queráis, como es lógico, sino solo reflexionar sobre ello.

Podéis hacer esta actividad en casa y compartirla con quien queráis. Veamos cómo.

Cada uno debe recrear una experiencia en la que se haya sentido ofendido o defraudado (momento, lugar, personas, etc.). Dedicará un tiempo a ello y, si lo necesita, hará algunas anotaciones en su cuaderno.

1. Apunta los pensamientos y sentimientos que recuerdes, e intenta recordar cómo actuaste.
2. Métete en la piel de esa persona e intenta a responder a las siguientes preguntas: ¿por qué crees que lo hizo? ¿Qué razones piensas que tenía? ¿Cómo estaba su vida en aquel momento?
3. Vuelve a tu cuerpo y responde finalmente a las siguientes cuestiones:
   - ¿Cómo está la situación ahora?
   - ¿Has perdonado?
   - ¿Cómo te sientes con esa persona?
   - ¿Te ha conducido a algo el enfado?
   - ¿Podrías intentar arreglar la situación?
   - ¿Cómo ganas más?

Esperamos que este ejercicio os haya ayudado en algo. A nosotros nos ha funcionado muchas veces para darnos cuenta de que, sin perdonar, solo pensábamos y actuábamos movidos por el odio y la negatividad, lo que nos hacía más débiles.

17 Valora cuánto te cuesta perdonar, en una escala de 0 a 10, donde 0 es el valor más bajo.

5 El trabajo en equipo

Cuando un grupo de personas se relaciona y trabaja de manera conjunta para poder alcanzar unas metas comunes, estamos ante un equipo de trabajo. Pero se necesitan algunas cosas más, ya que, para que un equipo de trabajo funcione, es necesario:

- Compartir los objetivos del proyecto.
- Desarrollar normas para entendernos y relacionarnos con el equipo.
- Que cada uno conozca sus funciones dentro del grupo y su nivel de competencia profesional en el cometido que se le ha encargado.
- Saber escuchar y comunicarse de manera clara y directa.
- Ser capaces de dar solución a los problemas y conflictos con madurez.
- Reconocer positivamente las contribuciones de los integrantes del proyecto.
- Mostrar satisfacción por pertenecer al grupo.

Si se cumplen estos requisitos, podremos alcanzar un elevado nivel de eficacia y eficiencia, siendo la eficacia la consecución de los objetivos y la eficiencia, un óptimo aprovechamiento de las energías. Cuando se trabaja en equipo, la experiencia de las personas, los rendimientos y los resultados obtenidos suelen ser más satisfactorios y elevados, que si se trabaja de forma individual.

Todos los miembros de un equipo tienen algo que aportar.

1. Tipos de equipos de trabajo

Los grupos de trabajo se pueden clasificar según diversos parámetros, algunos de ellos son:

- **En función del tiempo para el que se han creado:** hay grupos estables, que son aquellos que siempre están activos y permiten que se realicen las tareas cotidianas dentro de una organización. También hay grupos temporales, que solo se ponen en marcha para lograr un objetivo específico. Un ejemplo de grupo estable sería el departamento de gestión del transporte de una empresa; como ejemplo de equipo temporal podemos citar a un grupo experto en gestión de la información que debe formar a la plantilla para el cumplimiento de la ley de protección de datos.
- **En función de la finalidad:** pueden ser equipos para la producción, para tomar decisiones y solucionar problemas o conflictos, para diseñar nuevos productos y servicios, etc.
- **En función de la posición que ocupen en la organización:** podemos encontrar equipos de personas que forman la dirección de la organización y definen los objetivos; también hay grupos de técnicos especialistas en determinados campos temáticos en la base de la organización y grupos intermedios que relacionan ambos niveles. Cuando se produce la participación conjunta entre los diferentes grupos de la organización en el planteamiento de los objetivos, y en la interpretación y análisis de los resultados, las decisiones se comprenden mejor, se aceptan y se llevan a la práctica de un modo más satisfactorio.
- **En función de la composición:** hay equipos homogéneos, en los que todos sus integrantes son especialistas de un mismo tema (un equipo de cirujanos en una intervención quirúrgica) y equipos heterogéneos o interdisciplinares, si existen personas especializadas en temas diferentes (el equipo de personas que intervienen en la remodelación urbana de una ciudad).

18. ¿Estás involucrado en algún equipo de trabajo? ¿Cómo os organizáis para trabajar? Repasa las características que los equipos de trabajo deben tener para funcionar y compáralas con las de tu equipo. Pueden ser equipos de cualquier deporte, bandas de música, etc. Si no perteneces a ningún equipo, escoge uno y analízalo.

19. Clasifica a tu equipo o al que has escogido en función del tiempo, la finalidad, la posición que ocupa en la organización y su composición.

Profundiza y juega

¿Cuáles son las principales ventajas e inconvenientes de los sistemas de trabajo en equipo?

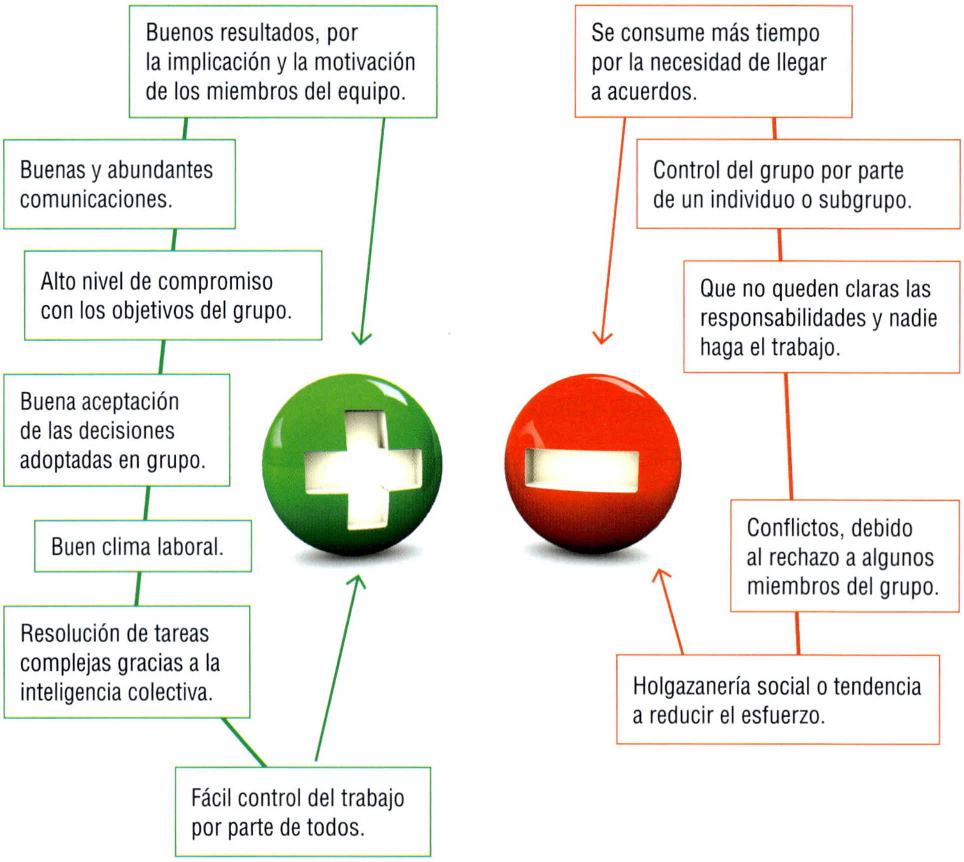

Ventajas e inconvenientes del trabajo en equipo.

2. Fases del trabajo en equipo

Para alcanzar un elevado nivel de efectividad, los equipos de trabajo pasan por un proceso evolutivo en el que se distinguen estas fases:

1. **Comienzo.** Los miembros del grupo todavía no se sienten muy unidos ni comprometidos, no tienen claros los objetivos ni cómo van a trabajar para alcanzarlos. Los sistemas de comunicación e interacción entre los componentes del equipo no son efectivos. Ante esta situación, los resultados del grupo son medios o bajos; el esfuerzo se centra en definir metas y funciones, en el enfoque de las distintas actividades y en el establecimiento de las competencias precisas para lograr los objetivos.
2. **Búsqueda de rumbo.** La consolidación del grupo todavía es baja, porque no existen cauces fluidos de comunicación ni un sentimiento de pertenencia. En esta fase nos encontramos con un sentimiento de frustración grupal, porque el grado de avance en el cumplimiento de los objetivos es muy bajo.
3. **Definición.** Aumenta la madurez porque progresa la definición de objetivos, funciones y normas para facilitar que los miembros del equipo trabajen juntos. Se comienzan a desarrollar sentimientos de confianza y respeto hacia el resto de los componentes del grupo y sus aportaciones, crece el grado de cohesión y el sentido de pertenencia al equipo y la comunicación es más directa y fluida.

4. **Velocidad de crucero.** Los miembros del equipo comienzan a trabajar de manera autónoma. La comunicación es directa y fluida, se estiman las aportaciones de los demás y cada componente se considera como un activo insustituible.
5. **Llegada a puerto.** El grupo es altamente eficaz, y el ambiente es distendido y motivador para el trabajo. Se cumple la misión encomendada.

Cada grupo es único y puede ir de una fase a otra con distinta velocidad, pasar de nuevo a una fase ya superada, o disolverse antes de llegar a la integración.

Veamos ahora algunas herramientas y técnicas útiles para el desarrollo y cumplimiento de los objetivos del trabajo en equipo.

Es crucial delimitar y entender bien el problema para su comprensión, con el fin de llegar a resolverlo. Las siguientes técnicas nos ayudarán a ello.

Técnica de los porqués en secuencia

Es una técnica que se puede usar en grupo o de manera individual. Consiste en preguntar «¿por qué?» a todos los asuntos que surjan sobre un determinado problema.

- Una vez definido el problema, se pregunta al equipo por qué cree que se está produciendo algo y se anotan las respuestas en la pizarra.
- A cada respuesta se le debe plantear, otra vez, la pregunta.
- Se sigue así indefinidamente, hasta llegar a la solución.
- El resultado es una especie de «árbol de interrogaciones planteadas y resueltas» que, de un vistazo, nos permite reconocer la naturaleza del problema y sus causas.

Esta técnica potencia la creatividad, el pensamiento crítico y la reflexión colectiva.

El árbol de interrogaciones contiene respuestas.

Diagrama de los ocho interrogantes

Es un método para explorar lo que el problema es y no es, para conocer su situación actual y definirlo con claridad. Se formuló en el año 1982, aunque la versión que se presenta es una modificación de la técnica original.

Se trataría de pensar en:

1. **¿Quién?** Identificar al responsable de la situación, al encargado de buscar la solución o a la persona que deberíamos consultar externamente para buscar una solución...
2. **¿Qué?** Definir en qué consiste el problema que se está tratando, si es de carácter interno o externo, tangible o intangible, así como sus características principales. También podemos dividir el problema en partes o decidir si es normal o inusual.
3. **¿Por qué?** y **¿cuándo?** Averiguar en qué momento se ha producido: si ya ha ocurrido antes, si es un problema permanente, ocasional, repetitivo...
4. **¿Dónde?** Localizar en qué áreas o procesos se está produciendo la situación, en qué área o proceso se originó, cuáles son las áreas más afectadas, dónde buscamos la solución...
5. **¿Cómo?** Explicar la forma en que se detectó la situación actual, cómo se inició y cuáles fueron los síntomas originales, así como identificar si es un problema técnico, operativo, humano, financiero, social, ambiental o de calidad.
6. **¿Cuánto?** Reconocer cuál es la magnitud de la situación y su importancia, y de qué forma afecta a los objetivos de la empresa.

20 ¿En qué fase crees que está tu equipo o el que habéis escogido?

Profundiza y juega

Para conocer un problema, podemos plantear ocho preguntas.

7. **¿Qué pasaría si...?** Valorar que ocurriría si la situación se mantuviera en el tiempo, si no se hiciera nada o si se hace algo.
8. **¿Cuál?** Identificar las causas y los orígenes; los síntomas y los verdaderos problemas; la urgencia e importancia de los problemas detectados, y cuál es la mejor solución.

Técnica Delphi

Según sus creadores, es un método para recabar la opinión consensuada de un grupo de expertos.

La información que se obtiene es subjetiva, no procede de la medición empírica, pero se basa en las experiencias, sucesos y datos que aportan los expertos consultados, y complementa la información objetiva de la que se pudiera disponer.

Esta técnica es de gran utilidad cuando no hay tiempo para medir y estudiar las soluciones idóneas.

Los pasos para la aplicación de la técnica son:

1. Definir el problema que queremos resolver.
2. Seleccionar al conjunto de expertos que nos ayudará en la resolución del reto.
3. Confeccionar un cuestionario sobre el problema y entregárselo a los expertos.
4. Analizar las respuestas dadas.
5. Realizar una segunda consulta al grupo de expertos para comprobar si mantienen sus opiniones una vez que han visto los resultados de la primera consulta.
6. Efectuar una tercera y última consulta, haciendo hincapié en aquellas opiniones que difieren de la mayoría.
7. Elaborar un informe final con la opinión mayoritaria y las posibles opiniones divergentes.
8. Reunir al equipo para la toma de decisiones.

21 Aplica una de las tres técnicas para el trabajo en equipo a los siguientes supuestos:

- «En nuestro barrio se venden drogas.»
- «Hay un incremento del número de embarazos no deseados.»

¿Hay alguna problemática específica en tu centro educativo o barrio? ¿Por qué no pruebas a aplicar alguna de esas técnicas?

La técnica Delphi recurre a la experiencia de los expertos.

3. La gestión de la diversidad

Al clasificar a los equipos de trabajo, hemos citado a los heterogéneos, que están compuestos por personas con diferentes perfiles personales y profesionales. Estos equipos son la clave del éxito dentro de las organizaciones. Su configuración y manejo se conoce con el nombre de gestión de la diversidad.

En la actualidad, los grupos heterogéneos son imprescindibles para tener un éxito relativo en la consecución de logros y metas dentro de las organizaciones, sean del tipo que sean, sociales o empresariales. Los recursos o el capital humano, el talento humano, son claves en el siglo XXI. Estos equipos son los que marcan y marcarán las diferencias en el futuro.

¿Qué puede aportar la diversidad a los proyectos y a las organizaciones?

- Fomenta la interculturalidad dentro de la organización, la inclusión de todas las personas y los ambientes abiertos.
- Incrementa la creatividad con la integración de miembros de diferentes culturas, nacionalidades, preferencias, aficiones y competencias profesionales, personales y sociales.
- Facilita nuevos proyectos, productos y/o servicios, que pueden alcanzar a un mayor espectro de la sociedad, debido a que la organización puede llegar a ser una recreación del entorno exterior.
- Amplía el alcance de los proyectos, productos y/o servicios para llegar a otras regiones y culturas.
- Fortalece la imagen de la empresa interna y externamente.

Todos tenemos algo que aportar a un grupo.

Uno de los grandes retos de las estructuras organizativas, en cuanto a gestión de la diversidad, es hacer conciliar la variedad de perfiles, porque, a veces, se pueden generar conflictos, más o menos visibles, entre los objetivos de la empresa y las metas personales de los individuos que forman las organizaciones. Al mismo tiempo, la gestión de la diversidad también incluye la necesaria integración de los agentes externos para el logro de los proyectos.

Interactúa con el sistema

¿A qué persona o institución de vuestra localidad podéis invitar a una de las clases para tratar sobre lo que habéis aprendido en esta unidad?

22. ¿Qué crees que puede significar la afirmación «en la diversidad está la riqueza»?

23. ¿Crees que es indispensable estar físicamente en la empresa para hacer un trabajo de calidad? Busca ejemplos de empresas abiertas 24 horas, con libertad horaria y formas de teletrabajo.

24. Seguro que en tu clase hay personas de diferentes lugares de tu provincia, de otras comunidades autónomas o, incluso, de fuera de España. Cuenta alguna experiencia de un emprendedor o emprendedora de tu región o país y explica en qué consiste su proyecto.

Profundiza y juega

Importante

Para que exista conflicto, tiene que haber interdependencia entre los grupos, individuos o instituciones; si son independientes, nunca habrá conflicto.

En la resolución de un conflicto es importante que nadie salga perdiendo.

25 ¿Por qué crees que los conflictos tienen una connotación negativa?

26 Piensa en un conflicto que hayas tenido con tu equipo de trabajo o en tu vida personal, y responde a las siguientes preguntas:

- ¿Con quién lo tuviste?
- ¿Os conocíais? ¿Os llevabais bien?
- ¿Habíais tenido algún conflicto antes? ¿Por qué?
- ¿Cómo surgió el conflicto?
- ¿Cuál era tu postura? ¿Y la de la otra parte?
- ¿Cómo se desarrolló? ¿Cómo terminó?
- ¿Cómo actuaste? ¿Lo hubieras hecho igual ahora?
- ¿Podríais haber ganado ambos?
- ¿Has perdonado?

6 Los conflictos

Podemos afirmar que dos partes están ante un conflicto cuando:

- Una de ellas percibe obstáculos por parte de la otra.
- Las dos partes perciben que sus objetivos son incompatibles.
- Una parte reduce o frustra los objetivos y aspiraciones de la otra.

Dado que nos encontraremos con muchos conflictos a lo largo de nuestra vida, es básico saber cómo enfrentarnos a ellos. La resolución consiste en identificar los conflictos sociales o problemas interpersonales que puedan suscitarse dentro de un proyecto u organización y anticiparse o actuar de manera decidida, evaluando recursos, barreras y consecuencias. La capacidad de negociación y mediación es fundamental para eliminarlos. Una de las cuestiones básicas en los equipos de trabajo es cómo solventar las crisis que se puedan generar dentro de ellos para evitar interrupciones en los progresos del grupo.

Aunque siempre se ha tenido una visión negativa de los conflictos, no podemos olvidar que son necesarios para evolucionar. Los conflictos pueden conducir a una mejor manera de hacer las cosas, incrementando la eficacia y la comunicación. Evitarlos u ocultarlos puede hacer que se pierda un tiempo valioso para su resolución.

1. La resolución de conflictos

Para enfrentarnos a un conflicto es preciso ser honestos con la otra parte y empatizar con sus motivaciones, entendiendo el porqué de sus demandas o quejas. Sin estas premisas iniciales, el conflicto nunca terminará.

A continuación debemos analizar el tipo de relación que mantenemos con la otra parte, y observar el motivo y el curso del conflicto. En el caso de individuos dentro de los equipos de trabajo, es fundamental conocer las características personales de los integrantes de ese equipo.

También debemos conocer qué tipo de comunicación existe entre las partes, si han existido conflictos anteriores, y cómo y con qué resultados se han resuelto. Después, tenemos que decidir qué vamos a hacer para resolver el problema. Una de las estrategias idóneas es la búsqueda del *win to win* o ganar-ganar, es decir, que todas las partes obtengan beneficios.

Otras cuestiones que debemos tener en cuenta en un proceso de negociación o mediación a la hora de resolver conflictos son estas:

- Cuidar la comunicación verbal y no verbal.
- Evitar las escaladas de tensión.
- No identificar a culpables apresuradamente.
- No favorecer a una de las partes sin intentar permanecer en un punto intermedio.
- Actuar sin ambigüedad y ser sincero en la mediación.

Cuando haya pasado un cierto tiempo desde la puesta en práctica de la estrategia de comportamiento, debemos observar si ha cambiado la relación entre las partes. En la gestión de los conflictos es bueno anticiparse, por lo que una batería de entrevistas con los miembros de la organización o el equipo para conocer sus opiniones y expectativas puede reducir el riesgo de futuros problemas.

7 La búsqueda de la relajación

El manejo de las tensiones y el estrés es una de las principales habilidades para la vida, según la Organización Mundial de la Salud (OMS). La correcta gestión de las emociones, el desarrollo de trabajos en equipo y la consecución de fines, así como la propia resolución positiva de conflictos, están muy relacionados con la necesidad de sentirse relajados, de estar en calma; ahí reside su importancia.

La relajación no es más que poder generar sosiego y tranquilidad en alguien o en uno mismo.

Cuando nos sentimos estresados o enfadados porque las cosas no salen como esperamos o porque hemos discutido con alguien, en nuestro cuerpo aumenta la actividad fisiológica, mientras que cuando estamos relajados este nivel es mucho menor. Dominar el estrés es algo fundamental: controlándolo somos más sanos y felices, más creativos y estamos más atentos a lo que sucede.

¿Qué es el estrés? Es la respuesta del cuerpo a un estímulo externo, a ciertas exigencias, a los llamados factores de estrés.

Ante los hechos que no nos gustan, el cuerpo activa una respuesta automática que, a veces, es positiva y nos puede salvar de un peligro (por ejemplo, escapar de un animal que nos quiere atacar). Otras veces, la situación es una falsa alarma y el cuerpo segrega los mismos componentes químicos que en la situación real; esto, a la larga, nos debilita, porque es un gasto de energía que afecta a nuestra salud. Siempre hay una persona o un hecho que hace que nos sintamos con estrés. Ese es el comienzo, esos son los activadores de estrés.

Vocabulario emprendedor

¿Qué palabra de esta unidad quieres incluir en tu diccionario emprendedor? Explícala con tus palabras.

En las situaciones de estrés es importante saber mantener la calma.

La relajación puede ayudarnos a prevenir y controlar ciertas emociones negativas, y a generar estrategias para el control de determinados comportamientos, así como hacer desaparecer los miedos e inseguridades que todos tenemos.

Existen técnicas de relajación que pueden servirnos en situaciones cotidianas que nos producen tensión. Las más importantes son las técnicas progresiva, autógena, pasiva y de Koeppen.

27 Explica a tus compañeros y compañeras qué tres cosas te provocan una sensación de relajación y bienestar.

Profundiza y juega

28 Lee el siguiente fragmento de una noticia y debate con tus compañeros de clase.

«Todos (o la mayoría) hemos caído víctimas del influjo digital. Los menores también. En Estados Unidos y Alemania, los adolescentes pasan siete horas y media diarias usando medios digitales. Algunos autores, como Nicholas Carr en su obra *Superficiales: ¿Qué está haciendo Internet con nuestras mentes?*, han alertado sobre los efectos que estos procesos tienen en la mente. Este autor resumía así los efectos de Internet en sí mismo: "Pierdo el sosiego y el hilo, empiezo a pensar qué otra cosa hacer. Me siento como si estuviese siempre arrastrando mi cerebro descentrado de vuelta al texto. La lectura profunda que solía venir naturalmente se ha convertido en un esfuerzo". Una chica de 24 años a la que se le pregunta por la lectura en Internet o la lectura en un libro confiesa que le cuesta ver una película entera. "Es que son dos horas, se me hace difícil mantener la atención… Una serie se me pasa más rápido." Creo que hemos perdido la capacidad de concentrarnos. Todo se ha vuelto más rápido, más en pequeñas píldoras.»

Fuente: www.elpais.es

GIMNASIA EMPRENDEDORA

Tu mar en calma

El objetivo de esta dinámica es sosegar la mente y el cuerpo, comparando cómo te sientes en un estado relajado y en un estado de estrés.

1. Guarda silencio para crear el ambiente adecuado.
2. Recuerda una situación estresante y responde a las siguientes preguntas en tu cuaderno. ¿Dónde estabas? ¿Con quién? ¿Qué pasó?
3. Lee en la tabla adjunta los síntomas físicos del estrés. ¿Sentiste alguno de ellos?

Nerviosismo	Boca seca
Temblores	Sudor
Corazón latiendo con rapidez	Dificultades para dormir
Ganas de llorar	Otros que no están en la lista

4. Concéntrate en la respiración abdominal, porque es de suma importancia para relajarse. Respira profundamente, llenando los pulmones de oxígeno. Hay que inhalar y exhalar aire, notando que el abdomen y el pecho se hinchan. ¿Lo notas? ¿Qué sientes?
5. Ahora vamos a usar la técnica de relajación de tensar-destensar por todo el cuerpo. Comenzamos por los brazos. Aprieta el brazo derecho 15 segundos con intensidad y relájalo después. ¿Sientes la diferencia entre estar estresado o tenso y relajado? Continúa con el brazo izquierdo y con todo el cuerpo: piernas, cara, pies, manos, pecho, etc. Cuando notes estrés en una situación y, por tanto, tensión en alguna parte de tu cuerpo, intenta relajarte aplicando esta técnica y evitarás que la situación se desborde.

Sabemos que es difícil en la vida diaria, pero ¿crees que, al menos, podrías intentarlo?

Las ténicas de relajación permiten afrontar las situaciones difíciles.

Existen múltiples actividades que pueden ayudar a prevenir y reducir el estrés. Aquí tienes algunas de ellas:

- Hablarnos de manera positiva, restando importancia a los asuntos del día a día.
- Practicar un deporte.
- Leer.
- Escuchar o tocar música.
- Dibujar.
- Pasear.
- Escribir un diario o un correo electrónico a alguien a quien quieres o al que hace tiempo que no ves.
- Jugar con tu mascota.
- Salir con un amigo o amiga.
- Cantar tu canción favorita.
- Cocinar.

Para acabar, nos gustaría que conocieras el concepto de atención plena. ¿No has pensado alguna vez que hacemos la mayor parte de las cosas sin reparar en que las hacemos y sin disfrutarlas? ¿Crees que estamos siempre concentrados en lo que hacemos?

Los ritmos de vida acelerados son los que nos provocan esa sensación. La atención plena intenta compensar este tipo de sensaciones. Con ella se busca prestar atención al momento presente, intentando no pensar ni hablar, solo relajar la mente, poniendo la máxima atención en lo que se hace y se siente.

La atención plena se puede aplicar a la vida cotidiana y supone todo lo contrario a actuar de manera automatizada. La finalidad de esta técnica es ganar en concentración y en eficacia en las labores del día a día, sin entretenernos con lo que ya hemos hecho o con lo que tenemos que hacer, ya que ese tipo de pensamientos despistan.

Disfruta de las pequeñas cosas del día a día.

GIMNASIA EMPRENDEDORA

Mi amigo Focusón

Una de las mejores formas para entrenar la atención plena es recurrir al juego de la cámara lenta. ¿No sabes en qué consiste? Te lo explicamos.

- Piensa en algo que quieras hacer esta tarde, por ejemplo, en un paseo con tu padre o tu madre, en algunas actividades o trabajos que se te planteen en otras asignaturas o en una tarea que te guste de nuestro proyecto.
- Siéntate en silencio, controla tu respiración y concéntrate en la tarea, pensando en cada uno de sus detalles, y hazla como si fuera a cámara lenta. Vamos a ver un ejemplo.

Si has elegido dar un paseo, queremos que camines despacio, a cámara lenta, como te hemos dicho, notando el aire que respiras, observando detenidamente el paisaje, escuchando los pájaros, el ruido de la gente al pasar…, párate a descansar en un banco o bebe agua en una fuente. Queremos que te esfuerces en cada detalle, en cada segundo, que pienses en ello como si fuese la última vez que pudieras pasear, y que hagas las cosas tan lentamente como puedas, pensando en ellas al tiempo que las haces y sacando su parte positiva. No pienses en el pasado ni en el futuro, sino en el presente.

Se te pueden ocurrir muchas cosas o tener pensamientos que te distraigan durante el proceso. Es normal; cuando eso ocurra, vuelve a centrarte en la respiración y adelante. Funciona.

Aplica y logra

PROYECTO DE UNIDAD: «MATRIZ»

Introducción

¿Has trabajado alguna vez con una matriz DAFO? Es un gráfico que sirve para estudiar las debilidades, las amenazas, las fortalezas y las oportunidades de cualquier tema o proyecto. Su elaboración proporciona información de utilidad de una manera visual y esquemática.

Proceso

Paso 1

Vamos a realizar dos matrices, un DAFO y otra que llamaremos EI (Estrategias de Intervención), pero no sobre un producto, servicio o empresa, sino sobre ti.

Paso 2

Dibuja en tu cuaderno una tabla DAFO como la que figura a continuación.

Debilidades	Amenazas
Definición: ideas, pensamientos o limitaciones que, a veces, impiden que alcances tus metas.	**Definición:** situaciones externas a tu vida que impiden la consecución de tus objetivos.
Ejemplo: «A veces pienso que no podré lograr las cosas solo».	**Ejemplo:** «Mis amigos y amigas quedan los sábados con el único fin de hacer botellón».
Fortalezas	**Oportunidades**
Definición: lo que te hace distinto, único, lo que te gusta o lo que te hace bueno en algo.	**Definición:** lo que crees que puedes conseguir si cambias algo de tu entorno.
Ejemplo: «Me encanta el atletismo».	**Ejemplo:** «Podría mejorar mis marcas personales y estaría más motivado si alguien me acompañara a entrenar los sábados y si tuviera un carril o zona peatonal cerca de casa.»
Estrategias de Intervención F+O	**Estrategias de Intervención A+D**
Definición: acciones que vamos a hacer para potenciar nuestras fortalezas y aumentar las oportunidades.	**Definición:** iniciativas que vamos a realizar para eliminar nuestras debilidades y reducir las amenazas.
Ejemplo: «Como me gusta correr, voy a pedir a algún amigo o amiga que venga conmigo el sábado a entrenar, y al ayuntamiento que arregle y amplíe las zonas peatonales del barrio.»	**Ejemplo:** «Voy a meterme en algunos foros y redes sociales de atletismo para preguntar si a alguien le apetece acompañarme el sábado a correr.»

Paso 3

Reflexiona con calma; si es en casa, mejor. Intenta relacionar el análisis de ti mismo con lo que puedes aportar a un proyecto emprendedor como el que vamos a seguir en este curso. Este proyecto te llevará a trabajar por equipos y a aprender cosas que van a transformar, en cierta medida, tu entorno.

Recomendación

Sé muy sincero; de lo contrario, el análisis no te será útil. La idea es que aprendas con lo que has escrito y que puedas convertir tus debilidades y amenazas en fortalezas y oportunidades.

Interioriza

Piensa y anota en tu diario emprendedor las dos razones más importantes por las que crees que es importante conocerse. Explica también dos situaciones en las que vas a poner en práctica alguna de las habilidades y actitudes que has aprendido.

Comparte y ayuda

¿Qué les dirías a los compañeros del año próximo cuando trabajen esta unidad? ¿Qué ha sido lo más importante que has aprendido?

2 La creatividad

Cita emprendedora

«Todas las personas pueden ser creativas. Sin embargo, la mayoría no se da cuenta de ello nunca.»

TRUMAN CAPOTE

¿Cuántas veces habéis oído las palabras *creatividad* e *innovación* en los últimos años? «Marisol es creativa» o «este producto biodegradable es innovador» son ejemplos de afirmaciones habituales en conversaciones o en los medios de comunicación.

Pero, ¿qué es realmente la creatividad? ¿Y la innovación? ¿Cómo podemos conseguir que «*ser* creativo» y «*ser* innovador» pertenezcan a nuestro conjunto de características personales? Esto es lo que abordaremos a lo largo de esta unidad. ¡A por ello!

Antes de comenzar

Coge tu cuaderno y anota en 10 segundos qué te estamos mostrando en estas imágenes:

1 Vuelve a mirar de nuevo los tres pares de imágenes y encuentra 3 diferencias en la primera pareja, 6 en la segunda y 5 en la tercera.

Muchas veces la realidad no es lo que parece; todo depende de los ojos con que la miremos. La creatividad nos ayudará a colocarnos «ojos nuevos» para ver lo que nos rodea.

1 El proceso hacia la creatividad

Las cosas que nos rodean no existirían sin la creatividad. ¿Te has preguntado alguna vez por qué se cometen muchas veces los mismos errores? Nosotros lo hemos hecho y hemos llegado a la conclusión de que todos actuamos de la misma manera la mayor parte del tiempo. Actuar de modo repetitivo, aunque puede funcionar durante un tiempo, nos cierra puertas para encontrar nuevas posibilidades.

Eso no significa que tengamos que estar cambiando constantemente lo que hacemos para resolver problemas, sino que, además de la lógica y la razón, debemos contemplar la creatividad para solucionarlos.

Ser creativo no es más que tener la capacidad de generar ideas originales y útiles para determinados propósitos. No podemos olvidar que también se puede ser creativo combinando ideas ya existentes para crear conceptos nuevos.

La creatividad tiene como finalidad principal ampliar nuestro horizonte de posibilidades, ensanchar el espectro de alternativas para resolver con facilidad y de una manera diferente problemas que nos afectan en nuestro día a día, ya sea en casa, con nuestros amigos, en el trabajo o en el centro de estudios.

La creatividad puede definirse como la capacidad del ser humano de crear ideas tras un proceso previo de entrenamiento. Hay que destacar la palabra *entrenamiento* porque estamos convencidos (y muchos expertos así lo reconocen) de que la creatividad no es una cualidad innata, sino que depende del esfuerzo, del contexto, de la pasión y de la manera de pensar.

La creatividad se puede aplicar en diferentes niveles, dependiendo del sujeto que pone en marcha la estrategia creativa. Así podemos hablar de la creatividad aplicada por un individuo, por un grupo o por una organización.

1. Tipos de pensamiento

Cuando el ser humano intenta resolver un problema, puede optar por:

- Un pensamiento más organizado, estructurado y convencional, y que, por tanto, se utiliza más a menudo: el **pensamiento convergente.**
- Un modo de pensar más diverso y menos lógico: el **pensamiento divergente.**

El pensamiento divergente se sale de lo convencional.

Como decía un pensador griego, la virtud está en el término medio. Tan perjudicial es recurrir siempre al pensamiento convergente, como usar solo el divergente. Si optáramos siempre por nuestro lado más racional, perderíamos muchos matices que nos enriquecen; y si estuviésemos pensando constantemente de manera divergente, correríamos el riesgo de no alcanzar nunca soluciones concretas e idóneas para los retos diarios. Así pues, es preciso conjugar a la perfección ambos tipos de pensamiento.

2 ¿Crees que el refrán «el ser humano es el único animal que tropieza dos veces con la misma piedra» podría tener algo que ver con la creatividad?

3 ¿Qué significa la afirmación? «La creatividad tiene como finalidad principal ampliar nuestro horizonte de posibilidades, ensanchar el espectro de alternativas.»

4 Compara los tipos de pensamiento y cita alguna diferencia entre ellos.

5 ¿Qué tipo de pensamiento usas más? ¿Por qué?

Desea y pregunta

El proceso de creatividad culmina con la selección de una idea.

Las personas consideradas creativas son, a la vez, muy racionales, porque establecer un método de pensamiento en el que se intercalen fases convergentes y divergentes necesita un control y un orden mental nada desdeñables.

Una vez que se identifica un problema y se analiza en todas sus dimensiones, aparecen las primeras soluciones, que son las más comunes (fase convergente). En ese momento, el creativo debe introducir la fase divergente, en la que todo comienza a ser posible.

Cuando se ha puesto de manifiesto todo lo que se nos ha ocurrido, debemos activar de nuevo el pensamiento convergente para seleccionar, combinar, desechar o modificar ideas, hasta que encontremos una realmente novedosa y no aplicada con anterioridad. El proceso creativo debe ser provechoso. Aunque la creatividad sin reto divierte, nosotros somos defensores de la creatividad con destino, que no predestinada.

Tras la selección de la idea durante la última fase de convergencia, es muy importante que la visualicemos, que la «construyamos»; para eso, hay que hacer prototipos, por ejemplo, con plastilina, cartón, barro, un *software* de diseño, etc.

Concepto de innovación

La realización de la idea creativa debe tener en cuenta el coste y el tiempo de desarrollo, las dificultades de ejecución y la probabilidad de fracaso. Es importante marcar hitos intermedios para comprobar cómo se está desarrollando la ejecución y para valorar si es necesario cambiar algo.

Un producto o servicio innovador puede ser antiguo, pero mejorado por la creatividad a tenor de un nuevo contexto o unas nuevas circunstancias. Es posible que haya sido necesario atender a problemas no resueltos o puestos de manifiesto en un momento dado.

Hay empresas en las que se está imponiendo la tendencia de crear equipos creativos que reformulen y cuestionen todas las partes, fundamentos, procesos y funciones de ellas. El objetivo es hacerse «mayores», mejores y más competitivas.

Resumiendo, podemos decir que el mundo del siglo XXI requerirá indudablemente la capacidad de generar soluciones nuevas a problemas nuevos, pero también a las dificultades de siempre. De este modo, podremos mejorar los entornos en los que vivimos desde los puntos de vista socioeconómico y cultural.

6. ¿Eres consciente de haber usado alguna vez el proceso completo (la fase convergente y la divergente) para resolver un problema?
7. ¿Por qué es importante realizar prototipos de una idea?
8. Busca en Internet un objeto innovador y explica en tu cuaderno por qué lo has seleccionado.
9. ¿Podrías dar algún motivo más sobre la importancia de la creatividad en las organizaciones?

El proceso creativo también es una labor de equipo.

2 El desarrollo de la creatividad

Ser creativo no es fácil, pero esto no quiere decir que no podamos desarrollar nuestra creatividad con esfuerzo y entrenamiento constantes.

Las rutinas a las que estamos sometidos en nuestro día a día y en nuestra experiencia vital disminuyen la capacidad de imaginar. «Esto ya lo hicieron otros y no cambió nada», «yo no sería capaz…» o «mejor lo dejamos», son formas de manifestar creencias que impiden el desarrollo de la creatividad.

¿Te has detenido a pensar lo que das por asumido diariamente sin pensarlo? Según algunos expertos, las creencias pueden determinar la actitud y la acción o, lo que es lo mismo, lo que serás y el éxito que tendrás en tu vida. ¿Te dejarás llevar por lo que crees? ¿O piensas que nada te podrá llevar donde no quieres?

A veces, es necesario olvidar lo aprendido y mirar las cosas con ojos nuevos.

1. Lo que frena la creatividad

¿Qué factores bloquean o potencian la creatividad de las personas? La creatividad puede verse afectada tanto por factores internos o personales, como por factores externos o del entorno. Entre los primeros podemos destacar los siguientes:

- **Especialización.** ¿Qué quiere decir esto? Significa que, cuanto más sepas de un tema, más difícil será «alejarse de forma creativa» de él, ya que la lógica se impondrá a la creatividad. Sin embargo, algunos expertos piensan justamente lo contrario: sin un conocimiento profundo de un tema, no hay posibilidad de «ir más allá».
- **Conformismo.** A la gente a la que el estado de las cosas siempre le parece bien o adecuado, se la puede calificar como conformista. Estas personas nunca buscarán mejorar una situación. Asi pues, esta actitud afecta a la posibilidad de ser más creativos.
- **Escasa motivación o falta de interés.** Si no prestas atención o no te interesa algo es realmente complicado que llegues a pensar en cómo cambiarlo o hacerlo de otra forma.

10 Levantad la mano todas las personas de la clase que no os consideréis creativos y explicad el motivo. Haced lo mismo quienes creáis que sois creativos.

11 ¿Utilizas muchas veces las frases limitadoras que aparecen en el texto?

12 Vamos un poco más allá. Anota en tu cuaderno aquello que no haces porque crees que no puedes hacerlo y piensa con calma los motivos por los que no puedes. ¿Son motivos o son excusas? ¿Tienen sentido? ¿Has intentado hacerlo?

Observa y explora

Las organizaciones cuya estructura es muy rígida limitan la creatividad de sus miembros.

- **Problemas personales o estrés.** Las situaciones en las que la mente está bloqueada por cuestiones de trabajo o personales paralizan la creatividad. Sin tranquilidad ni relajación, no se generan nuevas ideas.
- **Temor al ridículo.** No es fácil proponer ideas que pueden parecer descabelladas o que, simplemente, crees que no van a gustar, ya que, ¿cómo vas a ser tú quien dé la solución a un problema? En un proceso creativo, todas las ideas son buenas hasta que no se demuestre lo contrario.
- **Rechazo a la crítica.** Cuando aportas sugerencias a un grupo, debes estar abierto a que otras personas mejoren tus ideas.
- **Influencia de las primeras ideas.** No te quedes con lo primero que se te venga a la cabeza; piensa, aparta las primeras ideas y busca una nueva manera de hacer aquello que quieres cambiar.
- **Baja autoestima.** Creer que no tienes la suficiente capacidad para cambiar algo no te ayudará en el proceso de generar soluciones.

Factores internos que bloquean la creatividad.

Entre los factores externos o del entorno que limitan la creatividad podemos citar:

- **Ambientes físicos y contextos profesionales o culturales rígidos.** Las organizaciones jerarquizadas, con espacios de trabajo monótonos, y las sociedades inmovilistas son enemigas de la creatividad.
- **Ambiente de trabajo.** Si una persona no se siente valorada ni reconocida desde el punto de vista laboral, o no dispone de unas buenas condiciones laborales, no desempeñará el papel de inspirador de cambios creativos.
- **Tensiones externas.** Los obstáculos del resto de los integrantes del grupo pueden afectar a la capacidad creativa de las personas.

13 Haz un esquema con los factores internos y externos que afectan a la creatividad. Léelo durante dos minutos y, sin mirarlo, intenta volver a escribirlo en otra hoja del cuaderno.

2. Lo que potencia la creatividad

Existen factores y actitudes que aumentan la creatividad de las personas.

- **Preguntarse por todo.** Inventar un mundo completamente nuevo, replantearse las cosas, descreer y desaprender. Con este principio, será mucho más sencillo buscar o generar nuevas ideas.
- Disponer de **autonomía** para nuestro desempeño profesional.
- Contar con **equipos directivos tolerantes y abiertos** a nuevos escenarios.
- Tener **medios suficientes** para desarrollar las tareas.
- **Abrirse al entorno.** Leer e informarse de los temas que nos interesan, e incluso de aquellos que no nos interesan tanto, abrirnos a realidades distintas de las que vivimos día a día, nos facilitarán la tarea de ver nuevos corredores por lo que caminar en busca de mejores ideas. La inteligencia no solo se nutre de lo que estudiamos, lo que sabemos o lo que hemos vivido, sino también de la forma en que nos relacionamos con otros y del modo en que aprovechamos el conocimiento para mejorar.
- **Estar bien con uno mismo.** Sentir alegría por lo que tenemos y por lo que podemos llegar a hacer es esencial para ser creativo. La felicidad potencia la proactividad, y esta actitud activa la creatividad y viceversa. No obstante, esto que parece tan obvio… ¡también debemos ponerlo en cuestión! ¿No es cierto que algunos poetas, novelistas o músicos encuentran su fuente de inspiración en la tristeza ocasionada por la pérdida de su amor?
- Establecer **espacios de reflexión y paz interior.** Sin ellos, las posibilidades de ser creativo disminuyen considerablemente. En el quehacer diario disponemos de momentos para pasear o para escuchar música mientras pensamos. Es preciso saber cuáles son nuestros momentos zen, nuestros momentos de calma, y aprovecharlos para reflexionar.
- **Imponerse retos.**
- Tener muy presente que estamos ante «la muerte de la competición y el nacimiento de la **era de la colaboración**».

Importante

Tenemos que conocer los factores que limitan nuestra creatividad e intentar eliminarlos. Se trata de ser creativos con lo que no nos deja ser creativos para ser más creativos.

Es necesario potenciar las actitudes que promueven la creatividad.

3 El fomento de la creatividad

Para que el proceso creativo sea realmente fructífero, debemos atender a los siguientes consejos:

- Ofrecer alternativas variadas.
- Ver los problemas y las soluciones desde diferentes ángulos.
- Limitar la influencia de los factores que bloquean la creatividad.
- Evitar criticar las ideas de otros compañeros y compañeras.
- Trabajar con equipos multidisciplinares.
- Propician un ambiente relajado.
- No olvidar que la creatividad es un proceso con un tiempo definido.

1. Técnicas para crear

Vamos a comenzar el entrenamiento en técnicas de creatividad para poner en práctica todo lo que hemos visto hasta ahora. Serán muy útiles para el desarrollo del proyecto final de la unidad.

Brainbody

Esta técnica tiene como objetivo recrear una idea, es decir, explicar y expresar nuestra idea usando todo nuestro cuerpo, pero sin hablar. Tenemos que imaginar qué efectos físicos o emocionales produciría la idea en el cliente o explicar con gestos cómo resolver el problema para el cual la hemos creado.

Brainwriting enriquecido

Es una técnica similar al *brainstorming,* pero en esta ocasión las ideas se recogen de manera individual en un papel, que luego se pasará a otros miembros del grupo, cuya misión será mejorarla. Luego se repite el proceso hasta que todos los papeles hayan pasado por las manos de todos los participantes. De este modo se consigue un buen número de ideas de todos y cada uno de los integrantes del grupo.

Scamper

Consiste en hacer una lista de palabras que nos sirven para crear nuevas ideas. La suma de las iniciales de esas palabras forma el nombre de la técnica.Veamos qué podemos hacer con esta técnica en nuestro proyecto creativo:

- **S** Sustituir: partes, colores, formas de hacerlo…
- **C** Combinar: emociones, usos, juegos, tipo de público, etc.
- **a** Adaptar: ideas y ejemplos de otras asignaturas o actividades económicas, a un precio más bajo: «cómo lo haría si yo fuera un...».
- **m** Modificar: transformarlo, hacerlo más ligero, más grande, más alegre, más clásico, etc.
- **p** Poner en uso o proponer: para otros mercados, para otras personas…
- **E** Eliminar: pasos, usos, etc.
- **R** Reordenar o invertir: cambiar de lugar, de posición, de forma, etc.

---

14 Busca en Internet en qué consiste la técnica del *brainstorming.*

15 ¿Serías capaz de proponer otra técnica parecida al *scamper* pero cambiando las iniciales? Te damos un ejemplo. Es nuestra propia técnica y se llama DUTI.

Descompón... un objeto en partes.

Une... de otra manera esas partes.

Transfiere... esas partes del objeto a otros objetos.

Integra... otros objetos en tu objeto descompuesto.

El arte de preguntar

La técnica scamper tiene sus limitaciones, porque las preguntas vienen dadas. Nosotros debemos mostrar mucha más curiosidad. Para eso, disponemos de una técnica llamada «el arte de preguntar». Algunos ejemplos de preguntas son:

- ¿Qué podemos hacer para crear una idea original?
- ¿Podemos desarrollarla con calidad?
- ¿Nos divertiremos?
- ¿Nos generará beneficios?

Es posible hacer numerosas preguntas para mejorar nuestro reto creativo. A mayor número de preguntas, más ideas y respuestas tendremos. La gestión de la diversidad nos permite abordar el tema de la creatividad. En relación con esta técnica, ¿cómo afrontaría un problema alguien de un país extranjero?

La curiosidad es la base de la creatividad.

Mapa de empatía

Un mapa de empatía es una herramienta con la que podemos conocer lo que piensan determinadas personas o colectivos sobre nuestra idea; así, es posible completarla con aportaciones del exterior. Esas personas pueden estar interesadas o no en nuestro proyecto. Es como si, a través del mapa, indagáramos en sus sentidos.

Una vez que determinamos, a qué tipo de colectivo o personas vamos a aplicar la técnica, haremos las siguientes preguntas:

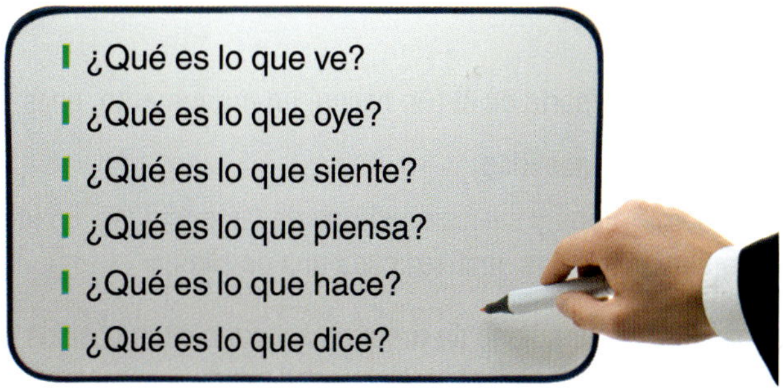

De esta forma, seremos capaces de conocer los deseos, las preferencias y los gustos de los demás y podremos ajustar nuestro proyecto para que tenga una buena acogida.

16 Añade dos o tres preguntas más a los entrenamientos el arte de preguntar y mapas de empatía.

Profundiza y juega

Vocabulario emprendedor

Lovemarks: marcas que suscitan algo más que el interés por un producto o servicio. Despiertan amor y respeto, consiguen que la gente las integre en su vida como si formaran parte de una gran familia o de un estilo de vida determinado.

Asunciones básicas

Piensa en ideas generales sobre una mesa: sirve para apoyar objetos, tiene cuatro patas, puede ser de cristal o madera, entre otros materiales, etc. A continuación, niega todas esas premisas y comienza a aportar nuevas ideas: no puede tener cuatro patas, no sirve para apoyar objetos, no es de cristal ni de madera, etc.

Preguntas imaginarias

Esta técnica se basa en plantear preguntas sobre un objeto, un proceso o un problema que queremos mejorar. Las preguntas nos ubican en una situación imaginaria. Por ejemplo, supón que nos preguntáramos: ¿qué ocurriría si…? ¿Y qué más? ¿De qué otra forma?

El contador de historias

La posibilidad de crear una historia relacionada con tu idea la hace más atractiva y, a su vez, más creativa.

Debemos apelar a los sentimientos, emocionar y emocionarnos con nuestra idea; es aquí donde encontramos las denominadas *lovemarks* o «marcas pasión».

Construye una historia con tu idea.

GIMNASIA EMPRENDEDORA

«Marcas pasión»

Vamos a intentar convertirnos en grandes contadores de historias, pero historias de verdad, que transmitan algo muy bueno que tú sabes y que todo el mundo debería saber, porque su vida cambiaría si lo conociera. Vamos a crear una *lovemark*.

¿Qué podemos convertir en una *lovemark?* Te damos estas opciones:

1. Tú mismo.
2. Tu instituto.
3. Tu municipio o una parte de él (un barrio, un monumento, unas fiestas…).
4. Una empresa de la localidad.

Dividid la clase en grupos y seleccionad una de las opciones. Lo idea sería que en la clase se escogiera, al menos, una vez cada una de ellas.

Ahora vamos a aplicar una serie de preguntas y conceptos básicos para crear una *lovemark* a partir de la opción elegida. Hemos adaptado y completado estos conceptos partiendo de los que creó Kevin Roberts, padre de la idea *lovemark.* El objetivo de esta dinámica es construir una historia que se pueda narrar en dos minutos, que llegue a emocionar y que nos haga sentir partícipes de lo que se cuenta.

17 Investiga en Internet sobre las *lovemarks* y trae ejemplos a la clase sobre ellas.

El mundo mágico.

- Envuelve tu opción en el mundo mágico.
- ¿Quiénes fueron los fundadores?
- ¿Por qué quisieron crear ese proyecto?
- Selecciona anécdotas y curiosidades que hayan ocurrido desde que se creó y que hayan sido claves para su evolución.
- ¿Qué lo hace especial?
- ¿Cuáles son tus sueños?
- Vincula tu historia con otro tiempo, otros mundos, otros personajes de fantasía...

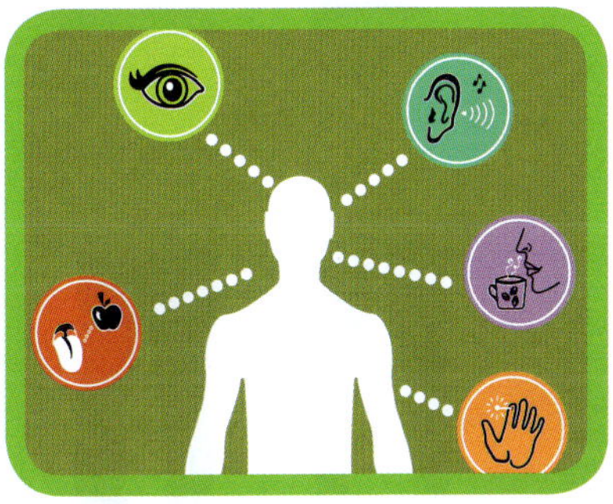

Los sentidos.

- ¿De qué modo podría interesar a los sentidos la opción elegida?
- ¿Cómo podríamos construir una historia con nuestra opción en la se evocaran vistas, sonidos, olores y sabores extraordinarios al contarla?
- Completa este enunciado: «Si pudieras tocarlo, sería como...».

La conexión.

- Antes de redactar tu historia, piensa en cómo enganchar a las personas a las que podrían interesar nuestras opciones: turistas, clientes, amistades, etc. (recuerda los mapas de empatía).
- ¿Qué les podría apasionar?

¿Cómo ha ido todo? ¡Seguro que fabulosamente!

En el caso de que hayas elegido la opción sobre ti mismo, te sugerimos que la trabajes un poco más y conseguirás construir un maravilloso relato sobre ti; ¿a qué es una forma original de currículum? Si lo grabas en vídeo y seleccionas una buena música e imágenes, puede quedar muy bien. ¡Los videocurrículum están de moda!

Si has escogido las otras opciones, no olvides mandarlas a la dirección de tu centro, al Ayuntamiento o a la empresa en cuestión. También sería acertado hacer un vídeo sobre ellas. ¡Seguro que ayudas a promocionarlos!

Profundiza y juega

Método 635

Es una técnica sencilla de aplicar y que genera un elevado volumen de ideas. Su nombre procede del método de puesta en marcha:

6 son las personas que forman el equipo; cada una tiene una hoja en blanco.

3 son las ideas que ha de escribir cada miembro del equipo en su hoja.

5 son los minutos de los que dispone.

El desarrollo de la técnica 365 necesita a seis participantes con una hoja en blanco.

Si ponemos en marcha esta técnica en clase, cada alumno debe pasar sus propuestas al compañero de al lado cuando las haya escrito; el compañero escribirá otras tres ideas en cinco minutos, y así sucesivamente. Una vez terminado el juego, dispondremos de 18 ideas en cada una de las hojas en un tiempo de 30 minutos.

Potencia tu creatividad

Sigue estos consejos para incrementar tu potencial creativo:

- Rechaza ideas como «la curiosidad mató al gato»: tú eres un *Homo sapiens*.
- Fotografía aquello que te llame la atención (siempre y cuando esté permitido).
- Prueba cosas nuevas y huye de la monotonía.
- Diviértete y lleva una vida sana.
- No desfallezcas cuando las cosas no salgan bien; generarás más oportunidades.
- Aprende de los errores de los demás.
- Apunta lo que se te ocurra cuando se te ocurra.
- Habla con gente diferente a ti, que tenga otras ideas y otras aficiones.
- Mira las cosas como si fuera la primera vez que las ves y como si fueras un niño.
- Comparte tus ideas y tus sueños.
- Expresa tus emociones.

18 ¿Tienes algún consejo más que se te haya ocurrido, o que sepas y quieras compartir con los demás?

2. Técnicas para evaluar

Verso pollice

Esta técnica para la valoración de ideas es sencilla y muy rápida. Aunque no conozcas la expresión latina con la que se la nombra, estamos seguros de que sí habrás visto alguna película sobre la Roma antigua en la que el emperador sube o baja su pulgar para indicar el destino de los gladiadores en la arena del circo romano.

Esta técnica permite evaluar las ideas y elegir las más positivas.

En esta técnica todos los miembros de un grupo han de levantar o bajar el pulgar. El recuento de votos positivos y negativos permitirá ir descartando ideas tras la fase divergente. De esta forma, es posible conocer el destino de cada idea: aprobación o descarte.

GIMNASIA EMPRENDEDORA

De 0 a 100

Esta técnica sirve para seleccionar las mejores ideas tras la fase de divergencia en el proceso creativo.

Una vez que tengas todas las ideas sobre la mesa, puntúalas de 0 a 100.

A continuación, señala un «punto de corte», o punto a partir del cual las ideas serán desechadas; por ejemplo, todas aquellas que tengan menos de 50 puntos.

Vuelve a repetir el proceso con las ideas restantes, hasta que quede la mejor puntuada.

Al final, debe quedar la mejor idea.

Esta técnica hace repensar las valoraciones sobre las ideas cuando se hacen la segunda y sucesivas rondas de reparto de puntos. En el caso de que haya varias ideas con la máxima puntuación, habrá que realizar una tercera ronda, en la que los 100 puntos se repartirán entre todas las ideas existentes.

¡Seguro que marcarás tendencia con tus ideas!

Para saber más

Coolhunting: palabra inglesa que se utiliza para designar el fenómeno que se basa en buscar nuevas tendencias en cualquier campo para determinadas organizaciones y/o particulares.

Profundiza y juega

4 La creatividad por moldes y la innovación

Si siguiéramos una secuencia progresiva en el campo de la creatividad, los moldes serían el paso siguiente al trabajo con las técnicas creativas. Podemos definirlos como el proceso lineal de asociación de conceptos a la idea para diferenciarla más que cuando surgió tras aplicar la creatividad. A diferencia de la aplicación aislada de diferentes técnicas, es un proceso dirigido.

1. «Transparencia»

Imagina que una de tus ideas es fabricar ordenadores con piezas recicladas de otros equipos de tu centro educativo que ya no funcionan. Si utilizas el molde de «Transparencia», se te podría ocurrir poner a los ordenadores una carcasa transparente para que tuvieran un diseño atractivo. Es decir, habrías asociado la palabra *transparencia* a tu producto.

La aplicación de esta palabra a tu producto ha dado como resultado otro, más original que un ordenador convencional.

El término *transparencia* se puede asociar a la moda, el diseño o la innovación.

Pero esta palabra no solo se puede aplicar a un ordenador: también sirve para el diseño del logo del proyecto o para las relaciones de los equipos de trabajo (con el fin de fomentar la fluidez de la información o la sinceridad entre ellos).

2. «Dale la vuelta»

Imagina que tu idea es un banco público de objetos, es decir, un banco en el que en vez de prestar dinero, alquilas objetos por unas horas. Aplicamos ahora el molde y pensamos en los contrarios: lo opuesto a un objeto sería un servicio, por lo que nos hallaríamos ante una posible nueva idea de negocio: un banco de servicios. ¿Y si en vez de prestar objetos, los compras para repararlos y venderlos a tiendas de segunda mano o a particulares?

¿Puedes modificar la realidad?

Se trata de colocar dentro lo que está fuera y lo que está arriba, abajo; de convertir lo que es delgado en grueso o lo que es alto, en bajo; de hacer gratuito lo caro; serio lo simpático o ligero lo pesado.

3. Molde artístico

Con este molde vamos a observar los efectos que resultan al aplicar en nuestro producto o servicio diversas manifestaciones artísticas, como música, danza, literatura, fotografía, cine, arquitectura, cómic, diseño...

Recuerda que no solo es posible aplicar estos moldes a un producto o servicio, sino que podemos hacer más atractiva una campaña de publicidad o mejorar los espacios de trabajo en los que se desarrolla nuestra idea.

¿Puedes hacer que tu idea resulte atractiva?

4. Otras herramientas

Existen muchas más herramientas o moldes; te presentamos algunos muy útiles:

- **EureKA.** Piensa en las posibilidades de hacer que tu producto sea sumergible. Sí, has leído bien: ¿has pensado en que tu producto o servicio se pueda introducir en el agua? No te quedes solo en el agua y reflexiona sobre el resto de los elementos: ¿y si, además, fuese resistente a las altas temperaturas?
- **EDUlkora.** Intenta que tu producto o servicio sea más dulce. Y no nos estamos refiriendo solo a que añadas más azúcar a un producto de alimentación, sino a que tu producto o servicio sea más agradable. Cambia los colores intensos por tonos suaves, incorpora un trato más cordial con el cliente, etc.
- **EXTernaliza.** ¿Te encuentras ante una disyuntiva en tu proyecto y quieres más opciones que las que te ofrece tu equipo de trabajo? No lo dudes: externaliza el problema; ábrelo al mundo. Busca en la Red posibles respuestas a cambio de recompensas. Te sorprenderás.
- **Degust-A.** Piensa en la posibilidad de que tu producto o servicio se pueda probar gratis antes de su adquisición, para que la gente pueda comprobar lo novedoso o práctico que es.

Importante

Recuerda que debes aplicar cada molde a tu idea uno por uno como si fueran fases, aunque, si no tienes mucho tiempo, puedes seleccionar los que más te interesen. El orden no importa.

Profundiza y juega

- **Din-A-miZ-A.** Imprime movimiento a todo aquello que creías que nunca podría moverse y prueba a hacer fijo aquello que es dinámico.
- **AppLICA tic.** El mundo de las tabletas y los teléfonos inteligentes está en expansión, asi que tu idea no puede renunciar a ellos. ¿Por qué no creas una aplicación *(app)* relacionada con tu producto o servicio? Existen decenas de páginas web y aplicaciones que te permiten hacerlo de una manera sencilla. Incorpora las Tecnologías de la Información y la Comunicación (TIC) a todas las fases de la organización y la producción.

La tecnología está al servicio de la creatividad.

- **H-Azlo sano o verde.** ¿Tu proyecto puede contribuir a mejorar la salud general de la población? ¿Podrías incluir algo que redujera el estrés, ofreciendo una sensación de relajación y tranquilidad? ¿Tu producto tiene algo que ver con la promoción del deporte y la salud?
- **A-justa.** Amplía tu abanico de posibles clientes o usuarios introduciendo las mejoras que ellos demandan. ¿Qué añadirías al producto o servicio si fuera para niños o niñas? ¿Y si estuviera enfocado a la población inmigrante? ¿O si fuera solo para mujeres? ¿Y solo para hombres? ¿Y para los abuelos y abuelas?
- **H-Azlo artesano.** Piensa si el producto o servicio (o el modo de producción de ambos) se puede elaborar de una manera «menos industrial» y si este hecho se considera un valor diferencial por el cliente.
- **H-Azlo veloz.** ¿Te has preguntado si podrías aumentar la velocidad de las fases de producción o generación del servicio que ofreces? En la actualidad, hay empresas que se distinguen por la celeridad en la entrega de la mercancía; otras se diferencian por la rapidez con la que cortan el pelo a gente que no dispone de demasiado tiempo libre.
- **Defórmalo.** Plantéate la forma de tu producto o servicio; ¿es siempre la misma? ¿Qué forma tienen los embalajes? Juega con todas las formas posibles y encuentra diseños atractivos.

La rapidez en la entrega añade valor a tu producto.

5 La innovación en las organizaciones

Los entornos —también llamados *ecosistemas* cuando hablamos de innovación—, el fenómeno de la globalización, las redes sociales e Internet, así como la capacidad de la sociedad para crear conocimiento son factores que incrementan enormemente las opciones de innovar.

1. Los tipos de innovación

Una primera clasificación atiende al criterio del tipo de conocimiento en el que se sustenta la innovación. Las innovaciones pueden ser tecnológicas, organizativas o comerciales.

- Las **innovaciones tecnológicas** son aquellas que se producen por la aparición de una nueva tecnología o conocimiento tecnológico, o por el uso novedoso de los mismos, a pesar de que ya existen. Esta innovación, como todas las demás, se puede dar en productos o en servicios, tanto si nos encontramos con el primer modelo de tableta hecha con grafeno, como si incluimos un servicio personalizado de aplicaciones para móviles en función del trabajo.

La iluminación ha evolucionado desde la vela hasta la lámpara con tecnología led.

- Las **innovaciones organizativas** son aquellas que incorporan mejoras en la organización general de una empresa o actividad, ya sea una nueva forma de comunicación interna (con los empleados) o externa (con clientes o proveedores), o una nueva reestructuración de los equipos y métodos de trabajo.
- Las **innovaciones comerciales** consisten en crear y aplicar nuevos métodos de comercialización a través del *marketing* y la venta que conlleven modificaciones sustanciales en la apariencia del bien o servicio, en sus canales de venta, en su promoción o en la determinación de los precios.

Otra clasificación habitual de las innovaciones atiende a su grado de novedad. Se distinguen, así:

- Las **innovaciones radicales,** que suponen la aparición de algo totalmente nuevo.
- Las **innovaciones incrementales** o mejoras significativas de algo ya existente.

19 Pon ejemplos de los diferentes tipos de innovaciones que has estudiado.

Interactúa con el sistema

¿A qué persona o institución de vuestra localidad podéis invitar a una de las clases para tratar sobre lo que habéis aprendido en esta unidad?

2. La «cultura por y para la innovación»

¿Cómo podríamos implementar la innovación en una organización? ¿Existe una guía para hacerla frecuente, normal y cotidiana? Pues sí, la hay: apostar por la cultura de la innovación.

Hay que creer en la innovación, fomentarla modificando y proponiendo nuevas actividades y retos, y asumir los riesgos que conlleva. Esta es la denominada «cultura por y para la innovación», que requiere una programación estratégica para su desarrollo, una vez completada la fase de selección de ideas novedosas desde la creatividad.

La «cultura por y para la innovación» debe ser apoyada y promovida por todos los integrantes de la organización, desde los responsables hasta los trabajadores.

Solo es posible lograr los tipos de innovación que se han explicado antes si se funciona como un equipo con un objetivo conjunto, y en un clima de colaboración y confianza hacia una dirección de estilo participativo.

La innovación en las organizaciones aumenta si las personas que las forman pueden pasar por diferentes puestos dentro de ellas y realizar diversas tareas.

La innovación progresa si todos los miembros de una organización se implican en ella.

El conocimiento global de un proceso hace que se vean conexiones ocultas, que se detecten fallos y que se apliquen nuevos métodos a funciones o áreas diferentes. Esto puede llegar a dar resultados verdaderamente sorprendentes.

También es importante abrir espacios de diálogo semanales o mensuales dedicados solo a la creación; de este modo, el trabajador puede escapar de las tareas rutinarias y convencionales.

El impulso a la creatividad en una la organización debe ser una de las consecuencias más visibles de una cultura innovadora.

Las tres piezas fundamentales de la «cultura por y para la innovación» son:

- Motivar y recompensar a los innovadores.
- Fomentar la innovación.
- Tolerar los fracasos.

20 ¿Crees que en tu entorno hay una «cultura por y para la innovación»?

La programación estratégica para el desarrollo de la innovación decide dónde y cómo quiere innovar la organización, los productos, servicios o procesos, las prácticas organizativas y comerciales que serán sometidas a la innovación, la intensidad de los cambios y el tiempo en el que se pondrán en marcha.

Si la innovación es una tarea integrada en el trabajo diario de una organización, estaremos asegurando su supervivencia de cara al futuro. En definitiva, la innovación es garantía de éxito y de sostenibilidad.

Para que la innovación se sitúe en el centro de cualquier organización, es muy importante elaborar prototipos de manera constante y establecer pruebas piloto que determinen el nivel de aceptación de un producto o servicio.

Nada de esto se puede realizar si no se cuenta con talentos humanos que asuman la innovación en su quehacer diario y que dispongan de los medios precisos para poder llevarla a cabo.

Saber localizar y captar talento, formarlo en tareas específicas, motivarlo y reconocerlo para que «ancle» en la organización es un cometido crucial de la dirección de las organizaciones. Así, el trabajador o trabajadora se convierte en un centro generador y difusor de la innovación.

Para que las organizaciones puedan seguir apostando por modelos de organización y gestión cotidiana basados en la innovación, para que se incremente la motivación de los empleados y se exporte su rentabilidad al entorno, es preciso contabilizar y propagar los resultados positivos de la innovación, ya se trate de un nuevo producto o servicio, o una mejora en la eficiencia de los procesos y las operaciones. Esto se llama pedagogía de la innovación.

Así que, hagamos pedagogía...

Vocabulario emprendedor

¿Qué palabra de esta unidad quieres incluir en tu diccionario emprendedor? Explícala con tus palabras.

21 ¿Cómo crees que vas a beneficiar a tu entorno cuando hagas pedagogía de la innovación, al conseguir completar tu reto creativo?

Aplica y logra

PROYECTO DE UNIDAD: «*DRIVE*»

Introducción

Vamos a desarrollar un proyecto por grupos para modificar o agregar valor a algún espacio público del centro educativo o de la localidad (por ejemplo, una plaza o un parque) o vamos a mejorar los servicios públicos de la localidad. Esta es la idea que os proponemos, pero podéis seleccionar la que queráis: es vuestro *DRIVE.*

Comenzaremos formando los equipos con personas que tengan diferentes gustos, habilidades o inquietudes.

Proceso

Paso 1

Es hora de poner en marcha nuestro entrenamiento. Y, como si de un deporte se tratase, tenemos que empezar con un calentamiento para ir incrementando poco a poco la intensidad del ejercicio.

Ese calentamiento se puede corresponder con las denominadas técnicas creativas. Estas técnicas son muy variadas, como hemos la visto, aunque tienen algunos puntos en común: variación de elementos, transferencia del problema de un área a otra, disección de la estructura completa, vinculación del problema por combinación de elementos que nada tienen que ver con él, etc.

Estas técnicas sirven para determinar la idea del proyecto, para modificarlo, para cambiar determinados aspectos de la organización y la comunicación, y para evaluarlo.

Paso 2

Para seguir aplicando la innovación a vuestro proyecto os proponemos un método denominado «la cadena de la innovación».

1. Seleccionad la idea de producto o servicio.
2. Resumid la idea, incluyendo los aspectos más destacados: ¿qué es? ¿Para qué sirve? ¿De qué está hecho? ¿Cómo lo fabricamos? ¿A quién ayuda o quién es el cliente?
3. Enviad el resumen a los eslabones de la cadena que determinéis en función del grado de complejidad o del tiempo disponible, con el fin de añadir ideas que lo mejoren. Los eslabones pueden ser: otra clase de tu centro educativo, el AMPA, un centro educativo de otra localidad, alguna asociación o entidad, etc.
4. Recoged de nuevo la idea, una vez que ha pasado por los diferentes eslabones.
5. Analizad y evaluad las propuestas recibidas.
6. Incorporad las nuevas ideas, si procede.

¿Ha habido modificaciones respecto al proyecto primero? ¿Cuáles? ¿Son útiles?

Recomendación

Cada persona o entidad dejará su impronta en la idea. Hay que recoger ese caudal de aportaciones y seleccionar lo más adecuado para mejorar la idea.

Interioriza

Piensa y anota en tu diario emprendedor las dos razones más importantes por las que crees que eres una persona creativa. Explica también dos situaciones de esta semana en las que vas a poner en práctica algunas de las habilidades y actitudes que has aprendido.

Comparte y ayuda

¿Qué les dirías a tus compañeros del año próximo cuando trabajen esta unidad? ¿Qué ha sido lo más importante que has aprendido?

3 El liderazgo

Cita emprendedora

«Dar ejemplo no es la principal manera de influir sobre los demás; es la única manera.»

ALBERT EINSTEIN

Ya hemos visto muchas de las características, actitudes, valores y habilidades que definen al emprendedor. La suma de todas ellas, junto con la capacidad de influir, dan lugar a una cualidad que muchas personas tienen: el liderazgo o la capacidad de guiar a los demás, de obtener lo mejor de ellos, de ser alguien que ve más allá.

¿Quieres ser un visionario?

Antes de comenzar

Nelson Mandela (1918-2013).

Lee el texto que te proponemos a continuación y responde a las siguientes preguntas:

En el día de hoy, todos nosotros, mediante nuestra presencia aquí y mediante celebraciones en otras partes de nuestro país y del mundo, conferimos esplendor y esperanza a la libertad recién nacida.

De la experiencia de una desmesurada catástrofe humana que ha durado demasiado tiempo debe nacer una sociedad de la que toda la humanidad se sienta orgullosa. [...]

El clima de la nación cambia a medida que lo hacen también las estaciones. Una sensación de júbilo y euforia nos conmueve cuando la hierba se torna verde y las flores se abren. Esa unidad espiritual y física que todos compartimos con esta patria común explica la profundidad del dolor que albergamos en nuestro corazón al ver cómo nuestro país se hacía pedazos a causa de un terrible conflicto, al verlo rechazado, proscrito y aislado por los pueblos del mundo, precisamente por haberse convertido en la sede universal de la ideología y la práctica perniciosas del racismo y la opresión racial. [...]

Apreciamos hondamente el papel que el conjunto de nuestro pueblo, así como sus líderes de masas, políticos, religiosos, jóvenes, empresarios tradicionales y muchos otros, tanto hombres como mujeres, han desempeñado para provocar este desenlace. [...]

Ha llegado el momento de curar las heridas. El momento de salvar los abismos que nos dividen. Nos ha llegado el momento de construir. [...] Nos comprometemos a liberar a todo nuestro pueblo del persistente cautiverio de la pobreza, las privaciones, el sufrimiento, la discriminación de género, así como de cualquier otra clase. Hemos logrado dar los últimos pasos hacia la libertad en relativas condiciones de paz. Nos comprometemos a construir una paz completa, justa y perdurable.

Hemos triunfado en nuestro intento de implantar esperanza en el seno de millones de los nuestros.

Contraemos el compromiso de construir una sociedad en la que todos los sudafricanos, tanto negros como blancos, puedan caminar con la cabeza alta, sin ningún miedo en el corazón, seguros de contar con el derecho inalienable a la dignidad humana: una nación irisada, en paz consigo misma y con el mundo. [...]

Aun así, somos conscientes de que el camino hacia la libertad no es sencillo. Bien sabemos que ninguno de nosotros puede lograr el éxito actuando en soledad. Por consiguiente, debemos actuar en conjunto, como un pueblo unido, para lograr la reconciliación nacional y la construcción de la nación, para alentar el nacimiento de un nuevo mundo. Que haya justicia para todos. Que haya paz para todos. Que haya trabajo, *pan, agua y sal para todos.* [...]

Discurso de Nelson Mandela en su toma de posesión como presidente electo de Sudáfrica el 10 de mayo 1994.

1. ¿Sabes quién era Nelson Mandela? Busca en Internet algunos datos de su biografía.
2. ¿A qué hecho ocurrido en Sudáfrica se refiere este fragmento: «precisamente por haberse convertido en la sede universal de la ideología y la práctica perniciosas del racismo y la opresión racial»?
3. ¿Crees que la reconciliación nacional de razas enfrentadas en un país es una tarea sencilla?
4. ¿Podríamos decir que Nelson Mandela es un líder? Cita algunos aspectos del discurso que creas que corresponden a un líder.

Desea y pregunta

1 La condición de líder

¿Cómo crees que nace un líder? Para nosotros, los líderes (tanto hombres como mujeres) se construyen, se forman día a día asumiendo retos personales, afrontando los desafíos que les impone su contexto social y profesional, y aprendiendo todo lo que les puede ser útil. Por tanto, para poder tener liderazgo, hay que contar con un conjunto de valores, capacidades y actitudes con las que se nace, pero que también se pueden ir aprendiendo.

El liderazgo es el arte de convencer y conducir a las personas, atrayendo seguidores, influyendo positivamente en sus actitudes y comportamientos, e incentivando a los equipos para trabajar por un objetivo común.

El líder del pelotón ciclista tira del resto de sus compañeros.

El líder negativo solo busca su propio éxito.

El liderazgo se crea por medio de los aprendizajes formales —por ejemplo, esta materia— y, sobre todo, los informales —lo que aprendes diariamente ejerciendo como líder, por ejemplo, en tu asociación vecinal.

Las tres fases que resumen la generación de un liderazgo son la creación, la transformación y la recreación sostenida en el tiempo. Este proceso debe estar guiado por una reflexión que permita mejorar y aprender de los aciertos y de los errores, así como por la imitación de otros líderes que nos puedan transmitir experiencias positivas.

El liderazgo no siempre tiene una connotación positiva, ya que, del mismo que existen líderes positivos, los hay negativos. Ambos intentan convencer e influir en la gente, pero las motivaciones y las metas que se persiguen en uno y otro caso son muy distintas. Sin moral y ética, no hay liderazgo positivo posible.

La moral y la ética en el liderazgo son cuestiones de primer orden por una sencilla razón: ¿te imaginas lo que supone confiar en alguien y dejarte convencer e influir por sus recomendaciones, porque piensas que es honesto, para descubrir luego que has sido engañado? En esta pregunta encontramos la importancia de que un líder sea una persona íntegra con respecto al grupo humano que le sigue en la búsqueda de sus objetivos, y la diferencia entre un líder positivo y un líder negativo.

- El **líder positivo** persigue que el beneficio individual de cada componente del grupo beneficie al grupo y viceversa.
- El **líder negativo** antepone la satisfacción individual a la del grupo.

Importante

La sociedad necesita líderes, pero estos no sirven de nada si no les enseñamos a elegir correctamente el tipo de liderazgo que deben ejercer, o qué principios y objetivos nobles, honestos y transparentes tienen que perseguir.

5. ¿Qué crees que significa esta afirmación «los aprendizajes informales, lo que aprendes en tu día a día, crean el liderazgo»?
6. Escribe tu propia definición de liderazgo.
7. Pon ejemplos de líderes positivos y negativos. Explica la razón de tu elección.

La persona líder sabe cómo guiar a los demás hacia un objetivo.

2 Las cualidades del líder

Podemos distinguir a la persona que ejerce liderazgo por varios rasgos:

- Dirige o coordina de manera eficiente un equipo de trabajo.
- Es la persona a la que hay que seguir en una idea o proyecto.
- Consigue resultados positivos, obteniendo lo mejor de cada individuo.
- Posee la capacidad de persuadir al grupo para buscar un mismo objetivo.

Los líderes perciben claramente cuáles son sus metas, se autoevalúan constantemente, no se distraen de sus propósitos, nunca huyen de nada, no tienen miedo al fracaso y saben ilusionar a la gente que está a su alrededor. Tienen la mente abierta, saben rodearse de personas que poseen las cualidades de las que ellos carecen, están siempre alerta y nunca —bajo ningún concepto— viven ajenos a su entorno. Para conseguir sus metas, elaboran una estrategia, visualizan los objetivos y analizan el mejor camino para alcanzarlos, promoviendo el trabajo en equipo.

Establezcamos, a modo de resumen, las cualidades del líder:

- Tiene en su mente su misión, su visión y sus valores.
- Forma el mejor equipo.
- Es un buen ejemplo para el grupo, por lo que dice y por lo que hace.
- Cree en sus posibilidades e inspira optimismo.
- Es resiliente e intenta evitar cualquier sentimiento de culpa por lo que hace o lo que hizo, si tenía un objetivo noble.
- Derrocha mensajes positivos para mantener al grupo cohesionado.
- Domina los conflictos, ya que sabe que están a la orden del día; se aprovecha de ellos y obtiene sabiduría.
- Si la situación está controlada, recurre al humor. Si no lo está, también. Ya hemos comentado los beneficios de la risa, así que el líder no dudará en usarla para relajar tensiones.
- Evalúa las circunstancias y asume «riesgos calculados». La palabra *riesgo* siempre tiene un componente de aleatoriedad; la misión del líder es que ese componente sea imperceptible.

Valores, capacidades y actitudes propias de los líderes.

8. ¿Qué valores, capacidades y actitudes propias del líder conocías ya?
9. Debate con tus compañeros de clase el significado de cada una de las cualidades del líder.
10. El decálogo del líder aún no está completo; nos falta un mensaje, ¿cuál pondrías tú?

Observa y explora

3 Los estilos de liderazgo

Ya hemos hablado de dos tipos de líderes: los positivos y los negativos, pero existen muchos más. Cada ser humano tiene una personalidad propia, por lo que el abanico de formas de ejercer el liderazgo es muy amplio; por tanto, no existe un liderazgo único y modélico. Las diferentes actuaciones de las personas determinan distintos perfiles de líderes: esto es lo que conocen como estilos de liderazgo.

La relación con el grupo indica el tipo de liderazgo.

El estilo o tipo de liderazgo está determinado por:

- Las vinculaciones del líder con los otros integrantes del grupo.
- La relación con otras instituciones.
- La capacidad de comunicación.
- La forma de adoptar las decisiones.
- Los roles que se asumen.
- Las funciones que desarrolla la persona.
- Los objetivos.

Observa estas dos imágenes que representan tipos de liderazgo. Cada una de las acciones y los principios que los caracterizan marcan de igual modo su posicionamiento de líder:

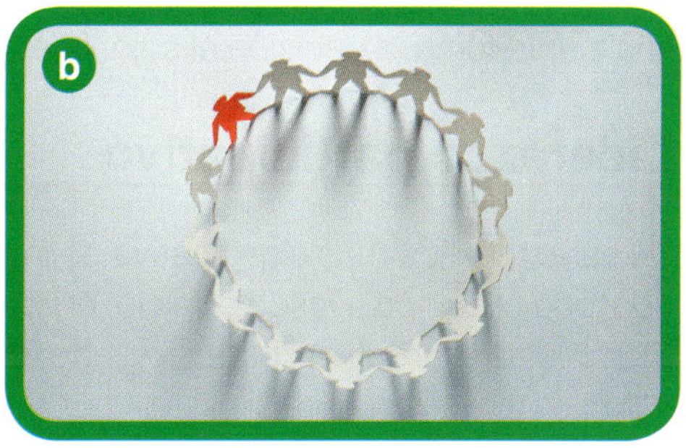

A Encontramos un liderazgo centrado en el líder: las decisiones dependen solo de una persona.

B Se trata de un liderazgo centrado en el grupo: el líder fomenta que todo el equipo participe y tome decisiones.

Las acciones que caracterizan a los principales tipos de liderazgo son estas:

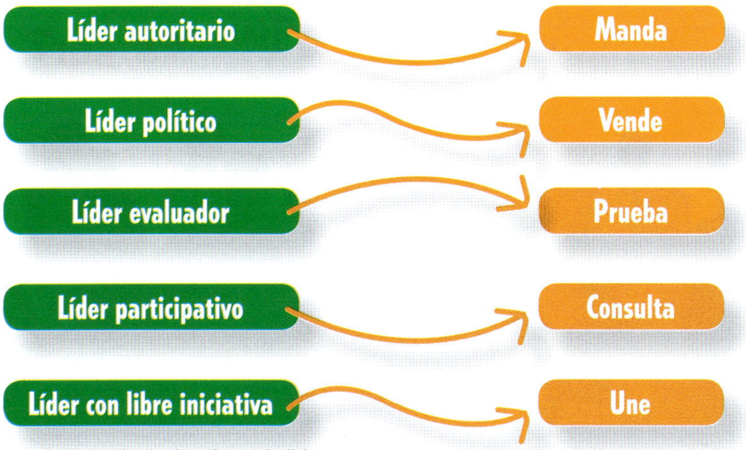

Características de los principales tipos de liderazgo.

Observa y explora

Importante

Los liderazgos más participativos y democráticos incrementan la pertenencia a los grupos y la satisfacción de los individuos que siguen al líder.

Liderazgo autoritario

La principal acción del líder es mandar. Los otros miembros del equipo se limitan a obedecer sus indicaciones. El líder identifica una situación problemática, considera posibles vías de solución, escoge una de ellas y luego indica a los demás lo que hay que hacer.

El líder nunca considera la opinión del equipo ni sus posibles soluciones. La toma de decisiones solo le afecta a él.

Liderazgo político

Su característica más significativa es vender, convencer y persuadir. Como en el caso anterior, el líder toma una decisión sin consultar al equipo, aunque sus habilidades de persuasión y de comunicación provocan en el resto del grupo una aceptación positiva, hasta el punto de que los miembros del equipo pueden llegar a pensar que la decisión se ha tomado de forma conjunta.

Liderazgo evaluador

Su principal acción está relacionada con probar, lanzar una idea y observar las reacciones de los demás. A continuación, el líder interpreta las posibles consecuencias y analiza otras alternativas propuestas por el equipo. Pide al grupo su opinión, aunque finalmente tome la decisión él solo. El equipo actúa como asesor del líder.

Liderazgo participativo

Su característica más significativa es la consulta, la puesta en común del problema con todo el equipo. Desde el inicio, el líder da la oportunidad a los demás de formular propuestas alternativas para elegir de forma conjunta la opción más prometedora.

Liderazgo de libre iniciativa

Es un estilo democrático y su característica principal es la unión del grupo. El líder participa en la busca de alternativas y en la toma de decisiones como un miembro más del equipo, y acepta cualquier decisión que se tome.

11. ¿Qué tipo de estilo de liderazgo te gusta más?
12. Plantea varias situaciones y explica cómo las resolvería una persona que asumiera cada uno de los diversos tipos de liderazgo.

4 La capacidad de comunicación

En la definición de liderazgo se incluye la capacidad de influir y convencer. Ninguna de estas dos acciones se podría lograr sin otra capacidad: la de transmitir. Sin la comunicación no podremos lograr, por ejemplo, que nuestro equipo se sienta cómodo y crea en los que nosotros creemos.

La palabra *comunicación* se define en el *Diccionario* de la Real Academia Española de la Lengua como la «transmisión de señales mediante un código común al emisor y al receptor». En un sentido más amplio, podríamos decir que la comunicación es el intercambio de información (ideas, hechos u opiniones) entre un emisor (el que comunica) y un receptor (quien escucha), a través de un medio o canal (aire, teléfono, papel, etc.) con diferentes fines (informar, enseñar, convencer…).

Para que exista comunicación, hay que usar un código: un conjunto de normas y símbolos que sirven para elaborar y transmitir el mensaje de manera que los agentes que intervienen en el acto comunicativo lo comprendan.

El emisor transmite un mensaje al receptor a través de un canal.

Los líderes deben convencer en muchos contextos y situaciones del día a día, pero, ¿qué es convencer? Es conseguir, a través de la comunicación, que el receptor haga lo que le propongas o que se alinee en una dirección determinada. ¡Pero, cuidado! Convencer no es engañar ni manipular a nadie.

Para convencer, tenemos que ser asertivos a la hora de plantear lo que queremos; utilizar la persuasión y argumentar; hemos de tener claras las razones y exponerlas de una manera ordenada, debatiendo cuando se pongan objeciones e intentando llegar a un compromiso con el interlocutor.

1. La comunicación eficaz

En un proceso de comunicación eficaz, son cruciales las retroalimentaciones o señales que recibimos de los receptores, ya que con ellas podemos comprobar si han entendido el mensaje. Esto, que parece algo básico, a veces no es tan evidente, debido al «ruido». Se trata de alteraciones que distorsionan la fluidez y la calidad en la recepción, los filtros que nosotros ponemos a la información recibida a causa de nuestros valores, prejuicios, experiencias, nivel cultural, etc.

13 ¿Recuerdas la última vez que intentaste convencer a alguien? ¿Lo lograste? ¿Cómo lo hiciste?

14 Sentaos en parejas y pensad en algo que no os guste (una comida, un deporte, etc.). Intentad convencer a vuestro compañero o compañera para que lo pruebe.

Profundiza y juega

Los mimos son capaces de expresar sentimientos sin pronunciar ni una sola palabra. ¿Sabrías contar esta historia?

Algunos aspectos importantes en la comunicación eficaz son:

- Saber a quién nos dirigimos, con qué fin y qué esperamos obtener de nuestro mensaje.
- Manejar la comunicación no verbal, observando y atendiendo a las señales verbales y no verbales de nuestro interlocutor.
- Elaborar un mensaje claro, preciso y ordenado.

Si queremos que nuestro equipo o los clientes potenciales nos entiendan, necesitamos ser correctos en el uso del lenguaje.

Hay que cumplir tres requisitos básicos:

- **Orden** en las palabras, frases y párrafos.
- **Claridad** en el vocabulario y las expresiones.
- **Precisión,** para no crear mensajes innecesariamente largos y que no tengan sentido.

La comunicación no verbal

Este es uno de los aspectos que más delatan lo que verdaderamente pensamos sobre un tema. La comunicación no verbal permite transmitir valores o actitudes, al tiempo que refuerza la comunicación verbal.

En la comunicación no verbal debemos analizar una serie de elementos:

- **La mirada.** Mirar a la otra persona a los ojos mientras se habla complementa la palabra, fortalece el mensaje y es síntoma de seguridad.
- **La expresión del rostro.** No sabemos si la cara es o no el espejo del alma, pero sí podemos asegurar que nuestra expresión refleja lo que sentimos. Por eso, si sabemos controlar nuestras emociones, conseguiremos en el receptor la respuesta deseada.
- **La sonrisa.** Es un gesto universal que tiene una inmensa utilidad, ya que llama al acuerdo, a la calma, a la amistad, a los buenos momentos, etc. Una sonrisa puede desactivar o suavizar las posibles actitudes de rechazo.
- **La gesticulación.** Los gestos que realizamos mientras hablamos sirven para reforzar el mensaje oral. Son un gran aliado de la asertividad.
- **La postura.** La posición del cuerpo o la forma en la que nos sentamos reflejan las actitudes y los sentimientos sobre uno mismo y sobre la relación con los otros.
- **El contacto físico.** Aunque depende mucho de factores culturales y de decisiones personales, en ocasiones, el contacto físico puede ser un síntoma de aceptación y confianza entre el emisor y el receptor.
- **El volumen de la voz.** Sirve para enfatizar partes del mensaje. Está demostrado que las voces con poco volumen hacen que el receptor tenga más dificultades a la hora de prestar atención.
- **La entonación.** La entonación sirve para comunicar sentimientos y emociones. Muchas veces, la entonación que se da a las palabras es más importante que el propio mensaje.

  La velocidad del habla y el manejo correcto de las pausas denominadas vacías —aquellas que se crean voluntariamente para dar respuesta a la estructura gramatical de signos de puntuación— son esenciales en un proceso de comunicación eficaz.

GIMNASIA EMPRENDEDORA

EL DISCURSO PERFECTO

Un porcentaje nada despreciable de la sociedad tiene miedo a hablar en público, así que es preciso entrenar para no formar parte de ese porcentaje. Vamos a dramatizar diferentes tipos de discurso, poniendo énfasis en los elementos de la comunicación no verbal.

Contexto	¿A quién te diriges?	Pon el énfasis en...
Situación 1 La presidenta de la comunidad de vecinos comenta que existe una partida de dinero que se puede usar para habilitar una zona de juegos infantiles o para construir una pista de baloncesto. Pide opinión a las personas presentes en la reunión.	A tus vecinos y vecinas. 	La mirada y la expresión de tu rostro. 
Situación 2 Han concedido a tu centro un premio al proyecto educativo más innovador en el tema de igualdad de género. Te han elegido como portavoz y debes dar un breve discurso ante la comunidad educativa.	A padres, madres, compañeros, compañeras, profesorado… 	Tu sonrisa y tus gestos. 
Situación 3 Te acaban de llamar para decirte que tu amigo Luis ha aprobado el examen de acceso a los Ciclos Formativos de Grado Superior. ¡Por fin va a poder estudiar el Ciclo Formativo que quiere!	A tu amigo Luis. 	Tu postura. ¿Existiría contacto físico? 
Situación 4 Has acudido a una concentración de protesta por los accidentes de tráfico que se están dando en tu localidad a causa de la mala señalización. Queréis debatir sobre ello en la plaza. Hay mucha gente; algunas personas son cercanas a ti… Todo el mundo está muy disgustado.	A los asistentes a la concentración. 	El volumen de la voz y la entonación. 

2. Presentaciones y escritos eficaces

Sabemos que exponer un tema ante un grupo de personas no es fácil, pero tampoco es una meta inalcanzable. Realizar presentaciones de una manera eficaz se puede lograr si se realizan dos acciones: utilizar el lenguaje con corrección y captar la atención del oyente a través de estrategias que enriquezcan nuestro discurso (ejemplos, preguntas, humor, etc.).

Para saber más

En la actualidad, existen muchos programas informáticos que hacen que tus presentaciones resulten visualmente atractivas. Algunos, incluso, te permiten interactuar con el público a través de las redes sociales.

Las estrategias necesarias para realizar una presentación con éxito son:

- **Preparación.** Es preciso dominar el tema y saber a qué tipo de personas te vas a dirigir, cuál es el objetivo de la presentación, en qué lugar se va a realizar y de cuánto tiempo dispones.
- **Orden y claridad.** Comienza con una breve introducción; a continuación, desarrolla los contenidos (lo esencial, porque debes controlar el tiempo) y, por último, establece las conclusiones. Tienes que usar un lenguaje sencillo, preciso y adaptado a la audiencia.
- **Comunicación no verbal.** Intenta ser expresivo para captar la atención de los oyentes, introduce cambios de ritmo, enfatiza algún aspecto, etc. Son muy importantes la mirada (a toda la sala, evita focalizarla en algunos sectores), la voz (firme), la forma de expresarse (no hables rápidamente, utiliza los silencios y no recurras a las muletillas) y los gestos.
- **Medios de apoyo** (pizarra, material impreso, cañón…). Estas herramientas refuerzan y aclaran el mensaje. Escoge la más adecuada y ten presentes todos los problemas técnicos que pueden surgir y si la sala está preparada.

Por último, te vamos a dar dos consejos muy útiles para el momento en el que vayas a exponer tu proyecto:

1

Si sientes ansiedad antes de hablar en público, utiliza las técnicas de relajación.

2

No te preocupes por las preguntas que puedan hacerte al final de la exposición. Si necesitas consultar algún documento antes de responder, dilo claramente, decide cómo te comunicarás con la persona que te hace la pregunta y responde.

GIMNASIA EMPRENDEDORA

TU *ELEVATOR PITCH* PRO-FAMILIAR

¿Has oído hablar de la expresión inglesa *elevator pitch?* Es una técnica que sirve para aumentar las relaciones y los contactos de una organización. Consiste en hacer atractivo nuestro proyecto, producto o servicio a alguien en el tiempo que dura un viaje en ascensor: dos minutos.

Más adelante puedes rescatar está técnica para aplicarla a tu proyecto y ensayar cómo fusionar síntesis y calidad informativa. No obstante, ahora vamos a utilizarla para contar en dos minutos las características del líder que hay en tu familia, ya sea tu madre, tu padre, un hermano o una tía lejana del pueblo.

El esquema que hay que tener en cuenta para crear un buen *elevator pitch* pro-familiar es:

- ¿Quién es el familiar elegido? ¿Por qué?
- ¿Qué características propias del liderazgo posee?
- ¿Qué ha hecho para ser una persona líder?
- ¿Qué lo diferencia de los demás?
- ¿Por qué querrías ser cómo él o ella?

¡Seguro que han salido una «lidergrafía» de la que se puede aprender mucho!

El correo electrónico es una de las formas de comunicación más rápida.

Imagina ahora que debes redactar un documento de presentación de tu proyecto: ¿cómo lo harías? ¿Qué debes tener en cuenta? Una adecuada presentación y una buena redacción de documentos son cruciales para que el receptor entienda correctamente el mensaje.

En la comunicación escrita hay que tener presente:

- El contenido del documento: debe incluir lo relevante de una manera ordenada.
- La redacción: no cometas errores de puntuación ni acentuación, y elige el vocabulario adecuado.
- La presentación: cuida el aspecto externo del escrito.

El correo electrónico

Una de las principales formas de comunicación escrita hoy en día son los correos electrónicos. Cualquiera de los consejos que hemos señalado para los documentos no digitales es también válido para la redacción correcta de un correo electrónico, si bien podemos añadir las siguientes particularidades:

- No envíes un correo electrónico a quien no le interese la información.
- No olvides indicar el asunto, ya que sintetiza y contextualiza la información que va a recibir el receptor.
- Responde a todos si es necesario; no olvides incluir a alguien que pueda estar interesado.
- Vigila la privacidad de los receptores.
- Responde en 24 horas aproximadamente, si es posible.

15. Busca en Internet ejemplos de *elevator pitch* y coméntalos en clase.
16. Escribe un correo electrónico a la persona a la que le has escrito la «lidergrafía».

5 La capacidad de negociación

Vocabulario emprendedor

¿Qué palabra de esta unidad quieres incluir en tu diccionario emprendedor? Explícala con tus palabras.

A lo largo de su vida profesional, los líderes sociales, políticos o deportivos deben negociar y establecer acuerdos con personas muy distintas y de intereses dispares.

¿Qué características crees que debe tener un buen negociador? Tiene que ser una persona honesta y con confianza en sí misma, prudente, buena comunicadora, persuasiva, que escuche activamente, que conozca la materia sobre la que negocia, que sepa planificar, —aunque asuma riesgos—, y que sea resolutiva.

En una negociación, distinguimos tres fases diferenciadas:

- **Preparación.** Si no ha habido tiempo para preparar una reunión, es preferible retrasarla, porque debemos conocer lo que se oferta o se pide, y saber argumentar por qué es mejor que lo demás. Es preciso usar argumentos impactantes y poner ejemplos reales, saber cuál es el límite hasta donde podemos llegar en la negociación y qué pasaría si no hay acuerdo.
- **Desarrollo.** Hay que poner en funcionamiento la escucha activa y la capacidad de observación. Debemos respetar las opiniones de las personas que se sientan con nosotros a negociar y practicar la empatía.
- **Conclusiones y acuerdos.** Hemos de ser flexibles; es probable que existan varias alternativas igual de beneficiosas. ¡Hay que buscar el *win-win*!

Hay que recordar que nuestro prestigio y credibilidad depende de la capacidad de cumplir con lo establecido.

Interactúa con el sistema

¿A qué persona o institución de vuestra localidad podéis invitar a una de las clases para tratar sobre lo que habéis aprendido en esta unidad?

El negociador defiende una idea, pero debe saber escuchar los argumentos de todas las partes.

Después de cada proceso, tenemos que aprender de todo aquello que puede mejorarse de cara a futuros procesos de negociación. Por tanto, algunas cuestiones básica en una negociación son:

1. Conocer bien a la otra parte que interviene en la negociación.
2. Hacer un esfuerzo para preparar la negociación, conociendo el entorno y los objetivos que queremos lograr.
3. Plantear una estrategia con argumentos sólidos.
4. Imaginar las posibles réplicas, preguntas u objeciones a nuestra idea o proyecto.
5. Conocer las concesiones que podemos hacer.
6. No perder de vista el acuerdo al que debemos llegar.

6 La organización del tiempo

¡No tengo tiempo! ¿Cuántas veces repetimos esa frase al día? La velocidad de la vida actual, la constante recepción de información y los imprevistos son los principales obstáculos para alcanzar los objetivos marcados.

Lo importante no es el número de horas que trabajamos, sino lo que somos capaces de terminar en ese tiempo. ¿Qué es perder el tiempo? Es no invertirlo en lo que realmente es útil para alcanzar la meta propuesta. Por esta razón, es imprescindible manejar de una manera eficaz nuestras horas de trabajo. Está demostrado que en una mínima parte del tiempo de trabajo se produce la mayor parte de los beneficios.

El hecho de trabajar más o más rápidamente para evitar las pérdidas de tiempo puede generar estrés o hacer que cometamos errores.

Algunas de las verdades aprendidas por los líderes con respecto al tiempo son:

- No puedes hacer todo lo que se te ocurra ni todo lo que te gustaría hacer.
- Lo perfecto es enemigo de lo bueno: pon límite a las tareas.
- Las previsiones sobre el tiempo que puede ocupar una tarea casi siempre son menores al tiempo real.
- Es mejor abordar primero lo que menos nos gusta.
- Es conveniente dejar un tiempo de *colchón* por si alguna tarea se retrasa.
- Hay que saber decir no.
- No hay que realizar varias tareas a la vez (*multitasking*), si entre ellas hay un trabajo principal de gran calado y complejidad.
- Delega y establece prioridades.

Estas son unas normas que puedes seguir para planificar tu tiempo:

- Programa el día anterior las cuestiones que debes abordar.
- Planifica objetivos medibles y específicos.
- Diferencia lo principal de lo secundario.
- Ten en cuenta que el rendimiento disminuye con el paso del día: haz a primera hora lo más importante y difícil.
- Programa huecos para los imprevistos.
- Sé consciente de que lo difícil lleva tiempo.
- Destina una parte del tiempo para tus aficiones, tus amigos, tu familia...

Vocabulario emprendedor

Procrastinar: diferir, aplazar, dejar para otro momento lo que no te apetece hacer porque no te gusta o porque no lo dominas.

17 ¿Con cuál de las verdades aprendidas sobre el tiempo estás más de acuerdo? Razona tu respuesta.

GIMNASIA EMPRENDEDORA

¡Los atracadores del tiempo!

¿Gestionas tu tiempo adecuadamente? Analiza cuánto te roba cada uno de estos ladrones de tiempo:

- Leer el correo electrónico.
- Navegar por Internet.
- Usar las redes sociales.
- Procrastinar.
- Concertar citas.
- Hablar por teléfono.
- Hablar con los compañeros.
- Ver la televisión.

Rellena una tabla con las respuestas a estas preguntas sobre los ladrones de tiempo y reflexiona sobre los resultados obtenidos. Debate sobre los resultados con el resto de la clase.

- ¿Cuántos minutos te roban al día?
- ¿Es mucho o poco? ¿Podrías reducirlo?
- ¿A qué actividad más útil podrías dedicar ese tiempo?

PROYECTO DE UNIDAD: «¡NEGOCIEMOS!»

Introducción

Cuando pongas en marcha tu proyecto de creación de un producto o servicio, necesitarás llegar a acuerdos con los compañeros de clase, el profesorado, las familias, los proveedores, etc. Así que lo más inteligente es que experimentemos cómo se organiza y se desarrolla una negociación en todo su recorrido.

Proceso

Piensa en algo que pueda mejorar el funcionamiento de alguna institución de tu localidad y trabaja con el resto de la clase para elaborar un informe que recoja los argumentos que apoyen tu petición.

Ten en cuenta las fases y las cuestiones clave citadas a lo largo de la unidad.

Paso 1

Trabajo en la fase de **preparación:**

- Infórmate sobre la entidad u organización.
- Establece una fecha y un lugar para una reunión.
- Fija el objetivo de la reunión.
- Diseña la estrategia: decide los argumentos en los que te vas a centrar.
- Prepara las preguntas que te pueden hacer o los impedimentos que te pueden poner.

Paso 2

Trabajo para la fase de **desarrollo:**

- Practica la escucha y la observación.
- Sé tolerante con otras opiniones.

Puedes debatir con un grupo de compañeros y compañeras sobre los diferentes aspectos de la fase de preparación, o simular cómo se desarrollaría la negociación (un grupo desempeñaría el papel de la entidad u organización con la que se va a llevar a cabo la negociación).

Paso 3

Trabajo para la fase de **acuerdos:** debate con tus compañeros qué aceptaríais y qué no.

Recomendación

Elige una petición real que sea muy demandada por los vecinos y vecinas de la localidad, algo que hayas detectado que es útil. Intenta que te reciban para poder aplicar todo lo que has aprendido en la elaboración del informe y en la simulación de la negociación. En el caso de que no logres que te atiendan, realiza la simulación en clase

Interioriza

Piensa y anota en tu «diario emprendedor» las dos razones más importantes por las que crees que podrías alcanzar una posición de liderazgo.

Comparte y ayuda

¿Qué les dirías a los compañeros y compañeras del año próximo cuando trabajen esta unidad? ¿Qué ha sido lo más importante que has aprendido?

4 El emprendedor

1. El ADN del emprendedor
2. El espíritu emprendedor
3. La competencia emprendedora
4. El talento emprendedor
5. La capacidad de ensamblaje
6. El trabajo *freelance*

Cita emprendedora

«Si has construido un castillo en el aire, no has perdido el tiempo, es allí donde debería estar. Ahora debes construir los cimientos debajo de él.»

George Bernard

El emprendimiento está relacionado con un estilo de vida. Hablamos de la actitud con la que nos mostramos en nuestra vida social, familiar, laboral, en nuestro círculo de amistades o en cualquier otra situación de la vida cotidiana.

Debemos preguntarnos si somos «agua que brota de un manantial»: limpia, llena de fuerza, con entusiasmo y confianza en uno mismo… o si, por el contrario, nuestra actitud se relaciona con el «agua corrompida de una alberca»: sucia, estancada, con desánimo y pasividad, pesimista…

Antes de comenzar

Investiga en la Red sobre estas personas. Todos ellos han desarrollado proyectos que van más allá del éxito profesional o personal. Existe un antes y un después de ellos en el área en la que se han movido. Elige el que te parezca que ha tenido una trayectoria más interesante y explica cuál fue su principal aportación.

Steve Jobs

«Cuando innovas, cometes errores. Es mejor admitirlos rápidamente y seguir mejorando tus otras innovaciones.»

Teresa de Calcuta

«A veces sentimos que lo que hacemos es tan solo una gota en el mar, pero el mar sería menos si le faltara una gota.»

Ferrán Adriá

«La cooperación con la industria alimentaria y la ciencia ha significado un impulso fundamental. Compartir estos conocimientos entre los profesionales de la cocina contribuye a dicha evolución.»

Bill Gates

«El éxito es un pésimo profesor. Seduce a la gente inteligente y la lleva a pensar que no puede perder.»

1. ¿Por qué crees que estas personas pueden ser consideradas como emprendedoras?
2. ¿Qué tipo de emprendimiento han desarrollado?
3. ¿Qué experiencias influyeron en sus trayectorias profesionales y vitales?
4. ¿Qué habilidades les ayudaron a desarrollar sus proyectos?

Desea y pregunta

1 El ADN del emprendedor

Antes de profundizar en la unidad, nos gustaría dar respuesta a estos interrogantes: ¿Se nace con una actitud emprendedora? ¿El emprendedor nace o se hace? ¿Existen genes relacionados con el emprendimiento?

Aunque no existe unanimidad entre las diferentes corrientes científicas, podríamos afirmar que el emprendimiento se debe a un poco de cada cosa; es decir, existe una predisposición genética y está relacionado con la educación, los valores y las actitudes experimentadas (el ambiente o contexto).

¿Se nace con talento emprendedor?

El carácter de una persona emprendedora se forma con habilidades, valores, actitudes, capacidades y experiencias de vida. Podríamos decir que un emprendedor nace y se hace al mismo tiempo: es la combinación de su herencia genética y del contexto en el que está inmerso. Hablamos, por lo tanto, de una mezcla que depende tanto de cualidades innatas como de capacidades y habilidades en las que influye el aprendizaje.

Aunque las últimas investigaciones en el ámbito empresarial y financiero confirman que el aprendizaje y la influencia del contexto son más importantes que la herencia, se pueden señalar estas conclusiones:

- Los emprendedores principalmente se hacen: la mayoría de los emprendedores con éxito confirman que ha sido de gran importancia su educación, las vivencias experimentadas y el tiempo que han invertido en establecer relaciones en su entorno más inmediato.
- Ser emprendedor pocas veces es una decisión de un momento: los emprendedores suelen tener muchas inquietudes y proyectos, por lo que es normal que hayan desarrollado diferentes iniciativas, algunas de las cuales son más exitosas que otras. Consideran importante fracasar y aprender de los errores.
- Los emprendedores comparten características: poseen actitudes relacionadas con la creatividad y la imaginación, el dinamismo, la curiosidad… y tienen una visión particular del mundo: detectan oportunidades donde los demás solo ven problemas.

Vocabulario emprendedor

Experiencia de vida: forma de conocimiento o habilidad derivada de la observación, de la vivencia de un evento o de los hechos que suceden en la vida. La historia de esta palabra se relaciona con el concepto de experimento.

El emprendedor ve una salida donde otros solo perciben obstáculos.

5. ¿Qué experiencias de vida has tenido? ¿Consideras que están relacionadas con una actitud emprendedora?

6. ¿Qué capacidades innatas (procedentes de la herencia) crees que posees como emprendedor?

2 El espíritu emprendedor

Tradicionalmente, el emprendimiento siempre ha estado vinculado con el mundo empresarial y de los negocios, de modo que se han olvidado otros ámbitos de actuación relacionados con esta actitud o competencia vital.

El espíritu emprendedor no se limita a los negocios: se manifiesta en cualquier circunstancia vital.

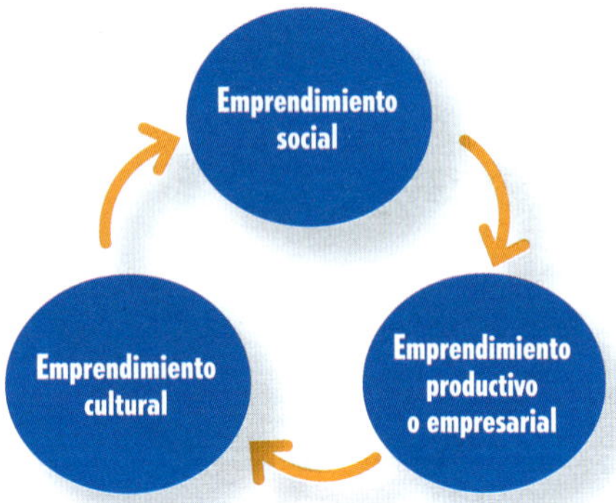

Los tres ámbitos de la competencia emprendedora.

En un sentido amplio, emprender hace referencia a la toma de decisiones con algún riesgo en cualquier ámbito de la vida. Desde la óptica de las cualidades personales, el espíritu emprendedor supone desarrollar la iniciativa personal, la autoconfianza, la creatividad, el dinamismo, el sentido crítico, etc.

Las habilidades sociales del emprendedor

En el campo de las habilidades sociales, el espíritu emprendedor hace mención a:

- El desarrollo de actitudes de cooperación y de trabajo en equipo.
- La capacidad de relación con el entorno.
- La sensibilidad ante las necesidades de las otras personas.
- La capacidad de asumir nuevos roles en una sociedad que se halla inmersa en un continuo cambio.

Las habilidades de dirección del emprendedor

Desde el punto de vista de las habilidades de dirección, el espíritu emprendedor se relaciona con:

- La capacidad para planificar, dirigir equipos de trabajo, negociar, tomar decisiones y aceptar responsabilidades.
- El poder de comunicación.

Las tres áreas o ámbitos de la competencia emprendedora son: el emprendimiento social, el emprendimiento cultural y el emprendimiento productivo o empresarial.

7 ¿Qué se entiende por espíritu emprendedor?

8 ¿Qué áreas o ámbitos conforman la competencia emprendedora?

1. Emprendimiento social

El emprendimiento social está relacionado con todas aquellas iniciativas o proyectos que nacen con el objeto de satisfacer las necesidades de la sociedad.

En esta área podemos incluir todas aquellas actividades emprendedoras de organizaciones sin ánimo de lucro o de empresas que defienden o persiguen un beneficio social: jóvenes que lideran un proyecto humanitario, asociaciones juveniles, ONG, empresas socialmente responsables, etc.

Entre las características más significativas del emprendedor social, destacan la vocación de servicio, la actitud de aprendizaje y cambio, la iniciativa, la creatividad, el dinamismo y la acción de ayuda.

Pero... ¿cuál es el motor que enciende el emprendimiento social? Lo que motiva a los emprendedores sociales a actuar es la posibilidad de generar un impacto positivo en la sociedad, creando productos o servicios que solucionen los problemas de los sectores más vulnerables y con mayores necesidades... Son los sectores que las instituciones públicas, las empresas privadas u otras organizaciones no atienden completamente.

El emprendimiento social contribuye al desarrollo social desde cuatro enfoques o puntos de actuación:

- Da respuesta a necesidades sociales insatisfechas.
- Mejora la calidad de los servicios sociales.
- Fomenta prácticas éticas en los mercados.
- Construye nuevos tipos de empresas y de liderazgo empresarial: empresas socialmente responsables.

9. ¿Qué es el emprendimiento social?
10. ¿Cuáles son las actuaciones o actividades más significativas del emprendimiento social?
11. ¿Qué características podríamos destacar en los emprendedores sociales?
12. ¿Qué motivos suelen estar detrás de un emprendimiento de tipo social?

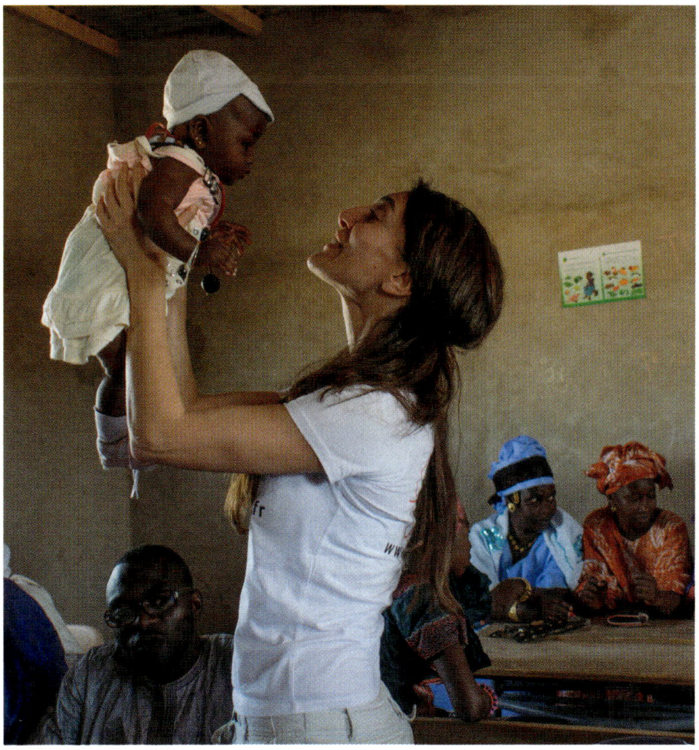

Los emprendedores sociales tratan de cubrir necesidades que quedan desatendidas.

2. Emprendimiento cultural

El emprendimiento cultural busca que los emprendedores desarrollen su talento creativo y productivo en las diferentes industrias culturales. Entre algunos agentes potenciales de este tipo de emprendimiento destacamos a artistas, creativos, productores, gestores y organizaciones culturales.

El emprendimiento cultural va más allá del arte y se ha convertido en una potente industria.

Se trata de un sector emergente y muy relacionado con el talento y las habilidades artísticas o de producción.

Este tipo de emprendimiento se caracteriza por generar ideas creativas que, posteriormente, se desarrollarán para obtener algún beneficio económico. Pero el beneficio, por sí solo, no es la fuerza motriz, sino la creatividad y la posibilidad de construir algo.

A continuación destacamos algunas de las industrias creativas más significativas en las que se puede desarrollar un emprendimiento de tipo cultural.

N.º	INDUSTRIAS CREATIVAS		SUBCATEGORÍAS
1	Artes gráficas, editorial		Prensa, periódicos, revistas, libros, impresos, publicidad.
2	Audiovisuales		Música, radio, cine, video, televisión, TIC.
3	Artes escénicas		Enseñanza artística, teatro, festivales, conciertos, exposiciones.
4	Patrimonio		Archivos, museos, bibliotecas, arquitectura, turismo cultural, desarrollo urbano, medio ambiente.
5	Diseño		Diseño industrial, diseño gráfico, diseño de medios interactivos, diseño textil-moda, joyería, artesanías.

Clasificación de industrias creativas de *British Council* (2009).

13 ¿En que se basa el emprendimiento cultural?

14 ¿Qué tipo de agentes o sectores profesionales suelen estar relacionados con el emprendimiento cultural?

15 ¿Qué aspectos caracterizan al emprendimiento cultural?

3. Emprendimiento productivo o empresarial

El emprendimiento productivo está relacionado con el diseño de algún proyecto empresarial y la posterior puesta en marcha de esa idea de negocio.

Hablamos de personas que tienen una idea de negocio en cualquier estado de maduración, desde su primer borrador hasta el plan de negocio finalizado y la empresa recién constituida y lista para empezar su actividad comercial. Suelen tener vocación empresarial, carácter emprendedor, hambre de conocimiento, pasión por su proyecto, actitud de aprendizaje y cambio, iniciativa, creatividad y curiosidad. Estas personas perciben la necesidad de cambio, tienen vocación de servicio, dinamismo y, sobre todo, gozan con los desafíos.

El empresario siempre asume un riesgo.

A raíz de los profundos cambios sociales y económicos que se están produciendo en la sociedad actual, la puesta en marcha de ideas de negocio se considera como uno de los principales motores de generación de empleo.

Las relaciones de trabajo tradicionales están sufriendo una gran transformación, debido al elevado desempleo en ciertos sectores de la población y al descenso de ofertas de empleo público.

Todo ello nos lleva a que economistas, financieros y sociólogos consideren el autoempleo como una de las medidas que se deben potenciar para generar trabajo y favorecer el crecimiento económico. Entre las cualidades personales o las actitudes que poseen los emprendedores productivos, destacamos estas:

- Capacidad para asumir riesgos.
- Facilidad para tomar decisiones.
- Capacidad para asumir responsabilidades.
- Capacidad creativa e innovadora.
- Dotes de organización y liderazgo.
- Facilidad para adaptarse a nuevas situaciones.
- Habilidades sociales.
- Perseverancia.

Vocabulario emprendedor

Idea de negocio: breve descripción de lo que el emprendedor desea que sea su actividad empresarial y que marca el inicio de cualquier empresa.

Interactúa con el sistema

¿A qué personas o instituciones de vuestra localidad que estén relacionadas con cada tipo de emprendimiento, podéis invitar a vuestra clase?

- Emprendimiento social.
- Emprendimiento cultural.
- Emprendimiento productivo o empresarial.

16. ¿Qué es el emprendimiento productivo o empresarial?
17. ¿Cómo podríamos definir a los emprendedores productivos? ¿Qué perfil poseen?
18. ¿Qué cualidades personales y actitudes tienen los emprendedores productivos?

3 La competencia emprendedora

Como hemos comentado anteriormente, emprender es una actitud, un estilo de vida... Por lo tanto, hablamos de una nueva competencia que se percibe como necesaria en la sociedad actual.

La competencia emprendedora está vinculada a la construcción de la identidad personal y al significado que damos a la vida, a la capacidad de formular proyectos personales (proyectos de vida) y de poder realizarlos.

¿Qué proyectos quieres emprender en el futuro?

Esta nueva competencia busca la autonomía de la persona y nos orienta hacia la autorrealización, nos anima al desarrollo de un proyecto vital, actúa como hoja de ruta en la difícil tarea de marcar nuestros objetivos en diferentes ámbitos: profesional, familiar y social.

Por lo tanto, podemos afirmar que la competencia emprendedora hace referencia a características individuales (destrezas, habilidades y actitudes), que, puestas en práctica, facilitan la adquisición de conocimiento (por medio de la educación y de experiencias vividas), dando lugar a comportamientos que permiten resolver con éxito diferentes situaciones problemáticas.

La competencia emprendedora está compuesta por habilidades y destrezas, así como por una serie de actitudes y valores. Pero... ¿qué habilidades, destrezas y actitudes son esas?

Para llegar a la meta, tenemos que desarrollar una serie de habilidades y destrezas.

19 ¿Qué es la competencia emprendedora?

20 ¿Qué ámbitos abarca la competencia emprendedora?

21 Busca en la Red el significado de *proyecto vital.*

1. Habilidades y destrezas

Las personas emprendedoras poseen una serie de habilidades y destrezas que se manifiestan en sus acciones, en su forma de relacionarse o comunicarse, etc. Entre las más significativas, destacamos las siguientes:

- Destrezas para planificar, organizar, analizar, comunicar, hacer, informar, evaluar y registrar.
- Destrezas para el desarrollo de proyectos.
- Habilidad para trabajar de forma cooperativa y flexible como parte de un equipo.
- Capacidad para identificar las virtudes (o puntos fuertes) y las debilidades propias.
- Habilidad para actuar con decisión y responder de forma positiva ante los cambios.
- Capacidad de liderazgo.
- Habilidad para evaluar los riesgos y asumirlos de la forma y en el momento necesarios.
- Capacidad de anticipación.
- Capacidad de innovar, y de aceptar las innovaciones y los riesgos de la acción.

2. Actitudes

Además de las habilidades y destrezas, la persona emprendedora manifiesta actitudes muy significativas:

- Disposición para mostrar iniciativa.
- Curiosidad.
- Pensamiento crítico.
- Disposición para aprender de los errores.
- Resistencia a la frustración.
- Actitud positiva.
- Pasión y energía.
- Optimismo.
- Tolerancia respecto a la incertidumbre.
- Actitud proactiva.
- Sentido de la responsabilidad.

Una actitud positiva ayuda a superar los problemas.

La competencia emprendedora está unida a:

- La capacidad de convertir cada sueño o deseo en una realidad.
- La transformación social.
- Una percepción especial para detectar necesidades insatisfechas en diferentes sectores de la población.
- La capacidad para ver oportunidades donde otros solo encuentran dificultades o conflictos.
- La pasión y el entusiasmo por un estilo de vida.

22 ¿Qué habilidades y destrezas son características de la competencia emprendedora?

23 ¿Qué actitudes son propias de la competencia emprendedora?

24 Indaga, en personas emprendedoras de tu entorno, qué habilidades y actitudes poseen relacionadas con esta competencia.

Observa y explora

4 El talento emprendedor

Importante

Recuerda que Howard Gardner, autor del concepto de inteligencias múltiples, define un nuevo tipo de inteligencia que se aleja del tradicional, siempre relacionado con el aspecto cognitivo. Este autor vincula la inteligencia con los puntos fuertes que poseemos en diferentes áreas.

Uno de los primeros interrogantes que nos podemos plantear es: ¿qué es el talento? ¿Cómo podemos potenciar nuestras habilidades o destrezas? ¿Qué personas tienen talento?

Varias son las fuentes o los autores a los que podemos acudir en busca de una definición de talento. La Real Academia Española de la Lengua nos dice que el talento posee varias acepciones:

- La inteligencia o la capacidad de entender.
- La aptitud y la capacidad para el desempeño o el ejercicio de una determinada ocupación.

1. Las inteligencias múltiples

El talento está muy relacionado con el desarrollo de los puntos fuertes, las habilidades o las destrezas que poseemos, y la forma de enfocarlas hacia algún fin. En este sentido, queremos destacar las investigaciones de Howard Gardner al descubrirnos las inteligencias múltiples.

Gardner defiende un concepto de inteligencia que está relacionado con las habilidades y destrezas que poseemos, no con el concepto de inteligencia tradicional asociado al aspecto intelectual o cognitivo.

Este autor defiende que el contexto es un factor determinante para desarrollar el talento, los puntos fuertes y las potencialidades de las personas. Afirma que las personas no nacen siendo inteligentes, sino que llegan al mundo con distintas potencialidades. Su inteligencia será consecuencia de lo que hay disponible en su entorno más inmediato y en la cultura, del grado de motivación personal y de la calidad de la enseñanza recibida (escuela y familia).

Desde esta perspectiva, llamamos «inteligencias» al conjunto de habilidades, destrezas, talentos o capacidades mentales necesarias para resolver problemas o para elaborar productos que tienen importancia en un contexto cultural, una comunidad o una sociedad determinada. Gardner identifica siete tipos de inteligencia:

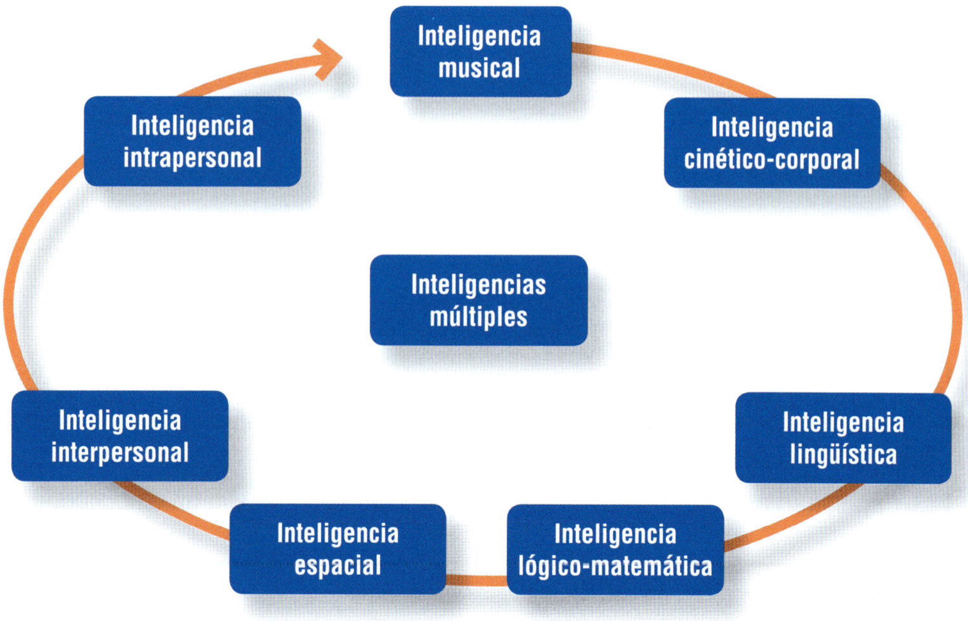

25 ¿Qué es el talento?

26 ¿Con qué aspectos podríamos relacionar el talento?

27 ¿Qué son las inteligencias múltiples?

28 ¿Cuántas inteligencias múltiples define Howard Gardner?

Inteligencia musical

Está relacionada con una habilidad o destreza especial hacia la música. Ciertas partes del cerebro desempeñan funciones importantes en la percepción y la producción musical.

Los niños y niñas prodigio han mostrado la evidencia de que existe un vínculo biológico que se manifiesta, por ejemplo, en la reacción a un sonido en especial y en los rápidos progresos con un instrumento, sin haber recibido ningún tipo de instrucción musical. Hablamos de niños y niñas que pueden tocar maravillosamente un instrumento musical, incluso antes de hablar.

Inteligencia cinético-corporal

Se relaciona con la actividad física y el desarrollo motor o corporal. Hablamos, por lo tanto, de la habilidad de utilizar el propio cuerpo para expresar una emoción, idea o sentimiento (la danza), para competir en un juego (el deporte) o para crear un nuevo producto (el diseño de un invento). Incluye habilidades de coordinación, equilibrio, flexibilidad, fuerza, velocidad, capacidad cenestésica (control de todas las partes del cuerpo) o percepción de medidas y volúmenes.

Se manifiesta en atletas, personas que ejercen la cirugía y artesanos, entre otros.

La capacidad para comunicarse con sus semejantes es un rasgo que define a los humanos.

La natación sincronizada es una actividad que combina el deporte y la expresión artística.

Inteligencia lingüística

Está relacionada con el lenguaje y la facultad de comunicación. Es la capacidad de usar palabras escritas, habladas u oídas. Incluye la habilidad en el uso de la sintaxis, la fonética, la semántica y los usos pragmáticos del lenguaje, como la retórica (el uso correcto y elegante de la lengua oral y escrita), la explicación y el metalenguaje (el lenguaje para hablar del propio lenguaje).

Se observa un alto nivel de desarrollo de esta inteligencia en escritores, poetas, periodistas y oradores, entre otros.

29 ¿Qué es la inteligencia musical? ¿Qué habilidades están relacionadas con ella?

30 ¿Qué es la inteligencia cinético-corporal? ¿Qué habilidades tienen que ver con ella?

31 ¿Qué es la inteligencia lingüística? ¿Qué ámbitos profesionales suelen estar relacionados con este tipo de inteligencia?

Observa y explora

Inteligencia lógico-matemática

Tiene que ver con la habilidad para realizar cálculos y operaciones matemáticas. Es la capacidad para usar los números de manera efectiva y de razonar adecuadamente. Incluye la sensibilidad a los esquemas y las relaciones lógicas, a las afirmaciones y las proposiciones, a las funciones y otras abstracciones relacionadas. Este tipo de inteligencia permite el razonamiento inductivo (aquel que lo hace de lo particular a lo general) y deductivo (de lo general a lo particular), la relación de conceptos y la operación con conceptos abstractos.

Se manifiesta especialmente en científicos y científicas, matemáticos y matemáticas, contables, profesionales de la ingeniería y analistas de sistemas.

La inteligencia lógico-matemática permite desarrollar cálculos complejos.

Inteligencia espacial

Está relacionada con las capacidades de orientación y abstracción. Es la habilidad de pensar en tres dimensiones. Permite percibir imágenes, recrearlas o transformarlas, recorrer el espacio o hacer que los objetos lo recorran, y producir o decodificar información gráfica.

La resolución de problemas espaciales se aplica a la navegación y el uso de mapas, y aparece en la visualización de un objeto desde distintos ángulos, en el juego del ajedrez y en las artes visuales.

Está presente en pilotos, marinos, escultores, pintores y arquitectos y arquitectas.

Un arquitecto posee y desarrolla la inteligencia espacial.

32 ¿Qué es la inteligencia lógico-matemática? ¿Qué profesionales han desarrollado esta inteligencia?

33 ¿Qué es la inteligencia espacial? ¿Qué habilidades son propias de esta inteligencia?

Inteligencia interpersonal

Tiene que ver con las habilidades sociales, la empatía y la inteligencia emocional. Es la facultad de entender a otras personas e interactuar eficazmente con ellas. Se construye a partir de una capacidad nuclear para sentir distinciones entre los demás, en particular, para observar contrastes en sus estados de ánimo, temperamentos, motivaciones e intenciones. Incluye la sensibilidad a las expresiones faciales, la voz, los gestos y las posturas, así como la habilidad para responder.

En su forma más avanzada, esta inteligencia permite a un adulto hábil leer las intenciones y los deseos de los demás, aunque se hayan ocultado.

Se manifiesta en actores, líderes religiosos o políticos, comerciales, docentes, terapeutas, etc.

Inteligencia intrapersonal

Está relacionada con el autoconocimiento, la autoestima y la habilidad de control emocional. Es la capacidad de construir una percepción precisa de uno mismo y de organizar la propia vida: regular las emociones y los sentimientos, discriminarlos, ponerles un nombre y recurrir a ellos como medio de interpretar y orientar la propia conducta. Incluye la autodisciplina, la autocomprensión y la autoestima. Como esta inteligencia es la más privada de todas, requiere del lenguaje, la música u otras formas para observar su funcionamiento.

Se encuentra muy desarrollada en teólogos, filósofos y psicólogos, entre otros.

Los líderes políticos se sirven de su capacidad para llegar a los otros.

GIMNASIA EMPRENDEDORA

25 años después

A continuación, os vamos a proponer una dinámica divertida. Imaginad que toda la clase queda dentro de 25 años. Ninguno de vosotros ha tenido contacto durante estos años y debéis explicar a vuestros compañeros cómo ha sido vuestro proyecto de vida. Os proponemos algunos interrogantes en cada uno de los ámbitos que conformaran vuestra historia:

ÁMBITO LABORAL

¿Finalizaste los estudios? ¿Cuáles? ¿Trabajas? ¿Dónde? ¿Qué tareas o funciones desempeñas? ¿Eres feliz en tu trabajo? ¿Tienes jefe o eres tu propio jefe?

ÁMBITO SOCIAL

¿Qué sueles hacer en tu tiempo de ocio o en vacaciones? ¿Practicas algún deporte?

ÁMBITO FAMILIAR

¿Te casaste o tienes pareja? ¿Con quién? ¿Tienes hijos? ¿Cuántos? ¿Cómo se llaman? ¿Dónde vives? ¿Cómo es tu casa?

OTROS DESEOS O SUEÑOS

¿Qué otros sueños o deseos te gustaría realizar en el futuro?

34. ¿Qué es la inteligencia interpersonal? ¿Qué habilidades caracterizan a esta inteligencia?

35. Define la inteligencia intrapersonal. ¿Qué habilidades son propias de esta inteligencia?

5 La capacidad de ensamblaje

Hoy en día, son necesarios los emprendedores y las empresas con capacidad de compartir o ensamblar conocimiento.

No hablamos de un sector delimitado por un tipo concreto de actividad económica o por las características de las instituciones. Lo que determina la pertenencia a la economía del ensamblaje del conocimiento es la actitud de los emprendedores y su respuesta ante el contexto actual, muy dinámico y en constante cambio.

Las organizaciones y los emprendedores que forman parte de este sector, pertenecen a ámbitos económicos y productivos diversos, con objetivos y fines diferentes, pero todos ellos comparten una serie de principios y actitudes que hacen que sean capaces de integrar sus conocimientos de forma exitosa, generando, así, productos o servicios novedosos.

Hablamos de emprendedores que combinan, comparten o fusionan su conocimiento con otras empresas o personas, para crear otros productos o servicios. En este caso, se ensamblan diferentes áreas del conocimiento o especialidades que abren nuevas vías de negocio y comercialización.

Importante

La capacidad de ensamblaje también puede referirse a la habilidad de las personas emprendedoras de utilizar recursos de diferentes procedencias y de todo tipo (pequeños aportes económicos de familiares, préstamos, ahorros, medios técnicos propios o públicos, etc.) para comenzar sus proyectos sin un alto coste inicial.

Es posible que una idea sea producto de una persona, pero para llevarla a cabo es preciso recurrir a especialistas en diversas materias.

El proceso de globalización que vivimos en los últimos años ha dado lugar a un entorno de creciente incertidumbre y complejidad, caracterizado, entre otros aspectos, por la generación de nuevas trayectorias tecnológicas, la reducción del ciclo de vida de los productos y la rápida difusión de las innovaciones. La comprensión de esta nueva realidad y la flexibilidad para adaptarse a este contexto cambiante son aspectos básicos que definen el éxito y la sostenibilidad de las empresas a largo plazo.

En esta nueva realidad económica y social, cobra protagonismo un recurso intangible: el conocimiento, que se acumula en la empresa y fluye de dentro afuera de esta (y a la inversa), y que se ha convertido en su principal fuente de competitividad.

Sin lugar a dudas, la necesidad de innovar constantemente es, hoy en día, un elemento crucial de la competitividad.

Las dificultades que encuentran las empresas para generar internamente todos los conocimientos que necesitan las conducen, cada vez, más a recurrir a fuentes externas. En este sentido, la cooperación con otros agentes se convierte en la vía fundamental para adquirir conocimientos que no poseen. La capacidad para cooperar se convierte, así, en un activo muy valioso para las organizaciones que les permite aumentar su *stock* de conocimiento y mejorar su capital intelectual.

Compartir el conocimiento permite aprender de los demás.

1. Las capacidades dinámicas

El término «capacidades dinámicas» es muy utilizado en un contexto en el que los emprendedores perciben necesario compartir el conocimiento.

Las habilidades dinámicas ponen de manifiesto la necesidad de alterar las fuentes de recursos y capacidades de una organización para ser competitiva y generar nuevas estrategias y metas que generen valor. En el año1994, Teece y Pisano definieron las capacidades dinámicas como rutinas organizativas y estratégicas por las cuales las organizaciones alcanzan nuevas configuraciones de recursos y ayudan a renovar las facultades existentes para conseguir adaptarse a los entornos cambiantes.

Los emprendedores y las nuevas empresas necesitan disponer de ellas para renovar sus competencias y sus conocimientos. Las capacidades dinámicas no hacen referencia a los cambios en el entorno, sino a los que se producen en las capacidades organizativas de la empresa y que son precisos para su supervivencia.

Las capacidades dinámicas son combinaciones complejas de recursos, personas y sistemas organizativos que las empresas utilizan en sus procesos de transformación. Están ligadas al capital humano, pero raramente residen en un solo individuo, pues son fruto del aprendizaje colectivo y de compartir el conocimiento (todos aprenden de todos).

36 ¿Qué aspectos se valoran en la empresa? ¿Qué elementos consideran las empresas que son su mayor capacidad de crecimiento?

37 ¿Qué son las capacidades dinámicas?

6 El trabajo *freelance*

En el mercado actual existe otro modo de emprendedor: el *freelance,* también denominado trabajador autónomo, por cuenta propia o independiente.

Nos referimos al emprendedor cuya actividad consiste en realizar trabajos especializados y de forma autónoma para terceros. Sus clientes (normalmente, otros emprendedores) le abonan su retribución en función del resultado obtenido y no del tiempo empleado. Ninguna de las partes contrae la obligación de continuar la relación laboral.

Una fotógrafa, un diseñador, una fisioterapeuta, una programadora... son profesionales que desarrollan su trabajo de forma autónoma.

El trabajo *freelance* puede ser muy tentador debido a las condiciones en las que se realiza:

- Es posible trabajar desde casa, conciliando vida familiar y laboral.
- No se exige un horario determinado, solo un proyecto, tarea o encargo que debe estar finalizado para una fecha concreta y con unos determinados estándares de calidad.

Con el desarrollo de las nuevas tecnologías, cada vez son más las empresas que buscan a profesionales que trabajen desde casa y a través de la Red.

¿Qué necesita un *freelance*?

Aunque es una idea atrayente, establecerse como *freelance* no es algo sencillo. ¿A qué dificultades crees que se enfrentan este tipo de personas emprendedoras? Repasemos lo que necesitan:

- Buscar un espacio de la casa que esté habilitado para el trabajo.
- Salir de casa para despejarse.
- Capacidad de planificación y autocontrol para evitar pérdidas de tiempo innecesarias, pues no están desarrollando el trabajo en un lugar en el que hay más personas haciendo lo mismo.
- Imponerse un horario laboral que, aunque se altere por motivos imprevistos, se pueda cumplir.
- Indagar constantemente a través de la Red en busca de potenciales clientes y de posibles nuevos proyectos.

38 Define el trabajo *freelance.*

39 ¿Qué ventajas tiene este tipo de trabajo *freelance?*

Sectores profesionales

A continuación, destacamos algunos sectores que están teniendo más auge en España en esta nueva modalidad de emprendimiento:

CATEGORÍA PROFESIONAL	TAREAS FUNCIONES	IMPLANTACIÓN EN ESPAÑA %
Tecnologías de la información y programación	Páginas web, aplicaciones para móviles, instalación de programas de gestión…	19 %
Diseño y multimedia	Infografías, animación, animación 3D, diseño web, diseño gráfico, videos, fotografía...	14 %
Comercial y ventas	Captación de clientes, venta de productos, captación de nuevos distribuidores, exportación...	10 %
Ingeniería y arquitectura	Diseño de prototipos, proyectos técnicos, certificados energéticos, células de habitabilidad…	10 %
Formación	Cursos presenciales, cursos *online,* clases de idiomas…	10 %
Legal	Asesoramiento legal, auditorías, contratos...	9 %
Marketing	Redes sociales, *community manager,* campañas de publicidad, *marketing,* estudios de mercado...	8 %
Servicios empresariales	Contabilidad, análisis financiero, *coaching,* gestión de nóminas…	6 %
Redacción y traducción	Comunicados de prensa, redacción de artículos y blogs, traducciones, corrección de textos, redacción de contenidos...	5 %
Soporte administrativo	Atención al cliente, entrada de datos, revisión de contenidos, asistentes virtuales, recepción telefónica...	5 %
Salud y deporte	Monitor, entrenador, servicios de enfermería, fisioterapia, medicina...	2 %
Actividades artísticas	Músicos, actores, cantantes, payasos, maquilladores...	2 %

Fuente: elaboración propia a partir del informe sobre *freelance* de Infojobs (junio de 2014).

Un músico puede ser un emprendedor cultural.

¿Por qué se contrata a un *freelance?*

¿Y qué opinan las empresas que contratan a un *freelance?* Las principales razones por las que las empresas hacen esto están relacionadas con la mejora de la gestión de recursos y con el aumento de la agilidad y la calidad de los resultados al finalizar cada proyecto. Seguramente por este motivo, la mayoría de encuestados coinciden en que contratar a un *freelance* es una decisión acertada.

Un elevado porcentaje de las empresas que han contratado a este tipo de emprendedores, considera que cada vez hay más profesionales *freelance* con talento y que deberían recurrir a ellos más a menudo. También afirman que la contratación de estos profesionales les permite ser mucho más eficientes. Estas organizaciones consideran que sacan partido de la contratación de un *freelance* porque obtienen competencias que no encuentran en sus empleados.

Vocabulario emprendedor

¿Qué palabra de esta unidad quieres incluir en tu diccionario emprendedor? Explícala con tus palabras.

40 ¿En qué ámbitos profesionales se está desarrollando el emprendimiento *freelance?*

PROYECTO DE UNIDAD: «EL ÁRBOL DE LAS HABILIDADES Y ACTITUDES EMPRENDEDORAS»

Introducción

A lo largo de esta unidad hemos profundizado en las características de los emprendedores, asi como también en algunas de sus cualidades y talentos.

Hemos intentado abrir una mirada diferente y explicar la necesidad de tener un estilo de vida relacionado con la actitud emprendedora, independientemente de la profesión que se desempeñe en el futuro.

Proceso

Te proponemos que diseñes tu árbol de las cualidades, que analices tus puntos fuertes, habilidades y destrezas, así como aquellas inteligencias múltiples en las que te reconozcas.

En ocasiones, lo más simple o insignificante para ti está impregnado de una gran riqueza de capacidades, valores y actitudes.

En un primer momento, puedes identificar aquellas tareas o destrezas que crees que dominas; posteriormente, puedes pedir ayuda a tus compañeros y familiares para que te comenten tareas o actividades en las que destacas, analizando las habilidades y destrezas implícitas en cada una de ellas.

Para ello, te proponemos los siguientes pasos:

Paso 1

Dibuja el tronco y las ramas de un árbol (alguno que tenga un significado especial para ti).

Paso 2

Dibuja varias hojas que salgan de las ramas del árbol.

Paso 3

En cada hoja, escribe algunas de las cualidades, habilidades, destrezas, puntos fuertes e inteligencias múltiples que posees.

Recomendación

Sé sincero contigo mismo y piensa en todo lo que haces bien. Tu savia es muy rica.

Interioriza

Describe en tu cuaderno emprendedor cómo te has sentido mientras analizabas tu estilo de vida (si tus acciones del día a día se asocian con el «agua» que brota de un manantial, o con el «agua corrompida de una alberca»).

Comparte y ayuda

¿Qué le dirías a los compañeros del año próximo cuando trabajen esta unidad? ¿Qué ha sido lo más importante para ti?

5 La empresa de hoy

1 La actividad económica
2 La empresa y sus clases
3 El universo empresarial
4 La empresa actual

Cita emprendedora

«Las oportunidades pequeñas son el principio de las grandes empresas.»

DEMÓSTENES

Vamos a conocer una de las piezas clave de cualquier emprendedor: la empresa. Existen distintos tipos, atendiendo a las características del proyecto empresarial, pero todas se marcan unos objetivos y para alcanzarlos organizan, coordinan y controlan diversos elementos.

Toda empresa es un sistema abierto que debe cubrir una necesidad y, lo más importante, que tiene una función en la sociedad.

Antes de comenzar

Google es uno de los motores de búsqueda de información más importantes en Internet.

Lee el siguiente texto, que se refiere al nacimiento de una gran empresa

Muchos han oído hablar de grandes compañías creadas en una cochera, pero cuando dos jóvenes universitarios fundaron una de las compañías de mayor crecimiento en su dormitorio, la convirtieron en una gran historia de éxito.

Los fundadores de Google, Larry Page y Sergey Brin, se conocieron en 1995, cuando tenían 24 y 23 años, respectivamente, en un acto organizado por la Universidad de Stanford. Ambos tenían un objetivo en común: hacer disponible información relevante de una fuente masiva de datos. En enero de 1996 iniciaron su colaboración en un motor de búsqueda llamado BackRub. Larry se tomó el trabajo de crear un nuevo tipo de servidores que usaban computadoras personales (PC) en lugar de grandes y costosas máquinas.

Durante los primeros meses de 1998, Larry y Sergey continuaron trabajando para perfeccionar la tecnología que habían desarrollado. Utilizaron sus dormitorios como centro de datos y oficinas. Con esta infraestructura iniciaron la búsqueda de inversionistas que les ayudaran a financiar su novedosa tecnología, superior a todas las existentes hasta la fecha.

Entre estos posibles inversores se encontraba David Filo, amigo de ambos y uno de los fundadores de Yahoo. Filo les animó a que ellos mismos crearan su propia compañía.

Así tomaron la decisión de montar su compañía y buscar capital para abandonar las habitaciones y pagar lo que habían comprado. Hicieron un plan de empresa y fueron en busca de inversores. Hicieron su primera visita al amigo de un miembro de la facultad.

Andy Bechtolsheim, uno de los fundadores de Sun Microsystems, enseguida vio que Google tenía un potencial enorme. Vio una demostración y firmó un cheque por valor de 100 000 dólares a nombre de Google Inc. Como no había una empresa llamada Google Inc., para cobrarlo, un par de semanas más tarde decidieron buscar nuevos inversores entre familiares, amigos y conocidos para crear la compañía.

El 7 de septiembre de 1998, fundaron Google Inc. Se mudaron a unas oficinas propias en Menlo Park, California. Google.com ya registraba unas 10 000 búsquedas cada día.

En 1999 consiguieron 25 millones de dólares de dos importantes inversores: Sequoia Capital y Kleiner Perkins Caufield & Byers, así que se trasladaron a Googleplex, la actual sede central de Google en Mountain View, California. Iban llegando importantes clientes, como por ejemplo AOL/Netscape, que escogió a Google como su motor de búsqueda, haciendo que superase los 3 millones de búsquedas al día.

Lo que empezó siendo un proyecto de dos jóvenes universitarios ya era una realidad, con un crecimiento impresionante.

Texto adaptado del artículo «Historia de Google», en www.historiasdegrandesexitos.com

1. ¿Puedes identificar el objetivo empresarial de Google?
2. Busca en la web tres ejemplos de empresas exitosas e identifica su objetivo empresarial.
3. ¿Sabes a qué se refiere el texto cuando se dice «Filo les animó a que ellos mismos crearan su propia compañía»?

Desea y pregunta

1 La actividad económica

La actividad económica es la respuesta al problema de la escasez de recursos.

No hay suficientes recursos (materias primas, trabajo y capital) para satisfacer las necesidades crecientes e ilimitadas de la sociedad. Ninguna persona puede consumir todo lo que quiere y ninguna empresa puede producir todo lo que se demanda, de modo que no queda más remedio que elegir en función de la necesidad y de la renta disponible.

Entonces, ¿qué producimos? ¿Cómo producimos? ¿Para quién producimos? Responde a estas cuestiones con el flujo circular de la renta, que nos explica de forma simplificada la actividad económica. En ella, las familias, las empresas y el Estado son las piezas clave.

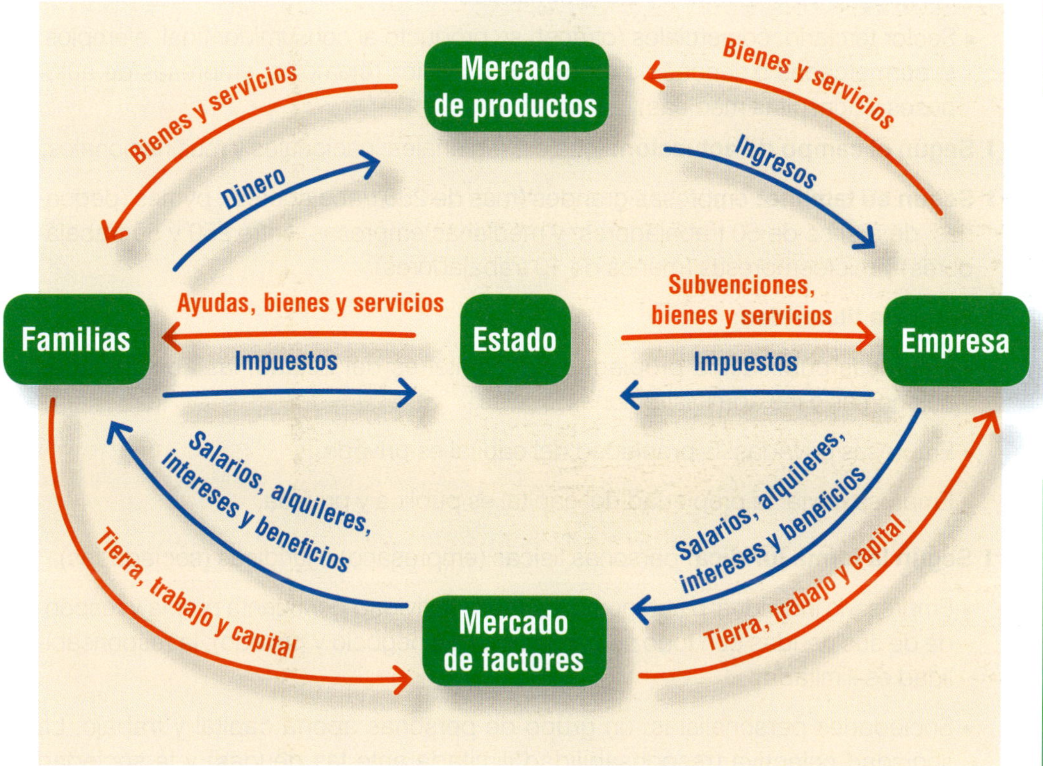

Funcionamiento del circuito económico.

Las familias ofrecen a las empresas los factores de producción (tierra, trabajo y capital) en el mercado de factores y, a cambio, reciben una renta de las empresas (salarios, alquileres, intereses y beneficios) en función del factor ofrecido. Por ejemplo, a cambio de su trabajo, una persona recibe un salario como renta; si ofrece un local, recibe un alquiler como renta.

Con la renta obtenida, las familias acuden al mercado de productos y compran a las empresas los bienes y servicios que necesitan; de esta forma, las empresas obtienen ingresos para pagar una parte de las rentas.

El Estado recibe dinero a través de los impuestos que pagan las familias y las empresas; a cambio, las familias se benefician de bienes y servicios públicos como la sanidad, la educación y diversas ayudas (becas, prestaciones por desempleo, etc.), y las empresas perciben subvenciones.

Importante

Ante la existencia de necesidades ilimitadas frente a recursos limitados, no queda más remedio que elegir.

En economía, a todo lo que se renuncia a consumir y/o producir, se denomina coste de oportunidad.

Pongamos un ejemplo: el presupuesto de una empresa solo permite poner una alarma o comprar una envasadora. Al final, decide instalar la alarma, porque ha sufrido dos robos. El coste de oportunidad es la envasadora.

4. ¿Qué función desempeña la empresa en el flujo circular de la renta?

5. Representa el flujo circular de la renta de las siguientes situaciones:
   - Marisol compra un ordenador en una tienda de informática.
   - Alejandro recibe su salario por el trabajo realizado.
   - Una empresa paga sus impuestos.
   - Una empresa contrata a nuevos trabajadores.
   - Juan Manuel se compra ropa en una tienda *on line*.
   - Una familia hace la declaración de la renta.
   - Nieves recibe unos intereses por el dinero que ha invertido en una empresa.

2 La empresa y sus clases

Todos tenemos una estrecha relación con el mundo empresarial: por un lado, trabajamos en o para empresas y obtenemos un salario; por otro lado, son las empresas las que nos ofrecen bienes y servicios para cubrir nuestras necesidades, a cambio de un precio que pagamos con nuestro salario.

Existen numerosos tipos de empresas. Vamos a clasificarlas según una serie de criterios:

Según el sector de actividad:

- Sector primario: trabajan directamente con los recursos naturales. Ejemplos: empresas del sector pesquero, minero y agrícola.
- Sector secundario: transforman bienes en otros de mayor utilidad. Ejemplos: industria textil, alimentaria y de la construcción.
- Sector terciario: comerciales (ofrecen su producto al consumidor final; ejemplos: supermercados o tiendas de ropa) y de servicios (ejemplos: empresas de autobuses y consultas médicas).

Según el campo de actuación: locales, regionales, nacionales y multinacionales.

Según su tamaño: empresas grandes (más de 250 trabajadores), pymes (pequeñas, de menos de 50 trabajadores, y medianas empresas, entre 250 y 50 trabajadores) y microempresas (menos de 10 trabajadores).

Según la titularidad:

- Empresas públicas: la propiedad del capital es del Estado, las comunidades autónomas o las administraciones locales.
- Empresas privadas: la propiedad del capital es privada.
- Empresa mixta: la propiedad del capital es pública y privada.

Según la forma jurídica: personas físicas (empresario) o jurídicas (sociedades).

- Empresario individual o autónomo: ejerce la actividad por cuenta propia y responde de sus deudas con todo su patrimonio (del negocio y privado); la responsabilidad es ilimitada.
- Sociedades personalistas: un grupo de personas aporta capital y trabajo. La sociedad colectiva (responsabilidad ilimitada ante las deudas) y la sociedad comanditaria, en la que hay socios que aportan capital y trabajo (responsabilidad ilimitada ante las deudas) y socios que solo contribuyen con capital (responsabilidad limitada a lo que se ha aportado al negocio).
- Sociedades capitalistas: un grupo de personas aporta principalmente capital; la responsabilidad ante las deudas se limita al capital aportado. Pueden ser: sociedad limitada (S.L.) y sociedad anónima (S.A.).
- Empresas de economía social: los socios aportan capital y trabajo, pero la responsabilidad es limitada. En la cooperativa, el 100 % del capital es de los trabajadores y en la sociedad laboral, al menos el 51 % del capital es de los trabajadores.

Según datos de la Dirección General de Industria y de la PYME de 2014, el 99,88 % del tejido empresarial español está constituido por pequeñas y medianas empresas. El sector servicios agrupa al 80 % de las empresas españolas. El empresario individual es la forma predominante en las pymes.

6. Define empresa. Cita cinco ejemplos de empresas españolas que conozcas.

7. Clasifica las empresas según los distintos criterios estudiados:
   - Supermercados de venta en una comunidad autónoma (S. L.).
   - Empresa textil con fábricas y puntos de venta en todos los continentes (S. A).
   - Panadería de tu barrio (autónomo).
   - Fábrica de coches en varios continentes (S. A.).
   - Cooperativa agrícola con venta a empresas y al público en general.
   - Despacho de abogados en una ciudad (sociedad colectiva).
   - La empresa municipal de la vivienda y el suelo de una ciudad.

8. Consulta la página web de la Dirección General de Industria y de la PYME (http://www.ipyme.org/) y la página web de tu comunidad autónoma. Describe las características del tejido empresarial de tu comunidad. ¿Coincide con el de España?

3 El universo empresarial

La empresa cumple una función dentro de la sociedad y necesita diseñar unas metas, por ello, es vital que cuente con un grupo humano organizado y que opere dentro de un marco jurídico establecido por las Administraciones.

1. La unidad básica de producción

¿Qué es una empresa? Es el lugar donde se coordinan y transforman los factores de producción (recursos naturales, materias primas y trabajo) mediante un proceso productivo, para obtener bienes y servicios que satisfagan una necesidad. Ya hemos visto que existen distintos tipos de empresas; en todas ellas podemos encontrar una serie de elementos, objetivos y funciones comunes.

Elementos de la empresa

- **Los elementos de producción.** Son los bienes que utiliza una empresa para producir otros bienes.
- **El factor humano.** Es el grupo de personas que tiene relación con la empresa: trabajadores, clientes, propietarios, Estado, competidores y proveedores.
- **La organización.** Es la coordinación de todos los elementos que intervienen en la actividad empresarial.
- **El entorno.** Es todo aquello que rodea a la empresa, por ejemplo, la situación económica o la subida del precio de los materiales. La empresa debe conocer el entorno que la rodea y producir aquello que demande la sociedad.

En el caso de una fábrica textil que, además, posee tiendas de ropa, los elementos serían los siguientes:

Todos los elementos son necesarios para llevar a cabo la actividad económica de la empresa, pero hay que destacar al empresario o empresaria, pues es la persona que va a planificar, coordinar y controlar todos los elementos de la organización. En función del tipo de empresa, será una persona o un grupo de personas quienes la dirijan. Recuerda que no tienen por qué ser propietarios.

9. ¿Por qué la empresa es la unidad básica de producción?
10. Enumera los elementos de las empresas que producen: pan, películas, venta de fruta, transporte de viajeros y elaboración de zumo.
11. ¿Las empresas siempre generan bienes y servicios que necesitamos realmente? Razona la respuesta.

Profundiza y juega

Importante

Aquella empresa que se centre exclusivamente en alcanzar beneficios estará abocada al fracaso, ya que la sociedad está cada vez más informada y exige sus derechos.

La empresa tiene que respetar el medioambiente.

Objetivos de la empresa

Aunque en un primer momento pensemos que la única meta de una empresa es alcanzar un beneficio, hoy en día las empresas buscan más objetivos. Veámoslos.

1. Alcanzar el máximo beneficio en función del dinero invertido. La empresa *A* obtiene 1 000 € de beneficio y se ha gastado 2 000 €; la empresa *B* ha obtenido 1 000 € y se ha gastado 5 000 €. Por tanto, la empresa *A* es mejor, ya que ha invertido menos dinero para obtener el mismo beneficio que la empresa *B*.

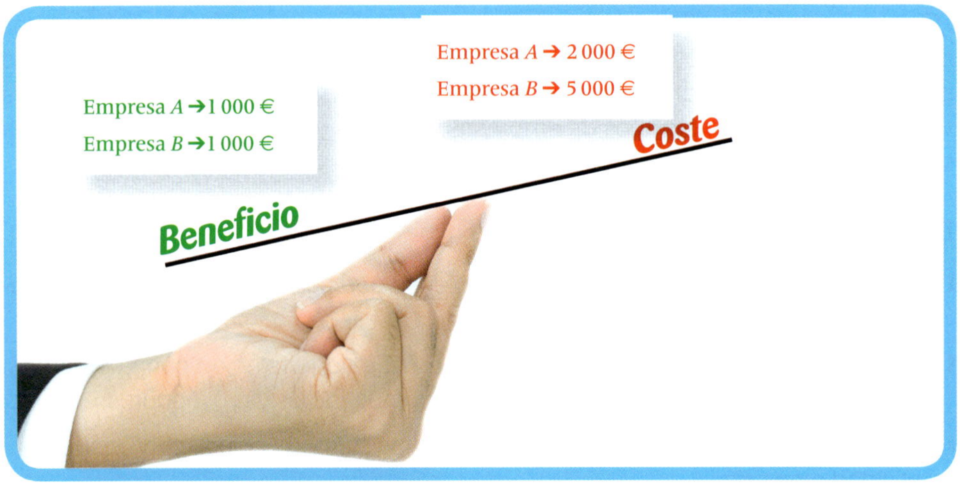

¿Qué empresa ha obtenido mayor beneficio?

2. Adaptar el bien o servicio producido a los cambios. Una empresa debe estar pendiente de cómo evolucionan los gustos, la tecnología, los competidores y las materias primas para ofrecer un producto adaptado a las necesidades del mercado.
3. Cumplir con la responsabilidad social. Una empresa debe producir bienes y servicios de alta calidad, respetando el medioambiente y contratando a sus trabajadores adecuadamente.

Funciones de la empresa

Una vez que se han fijado los elementos y los objetivos, vamos a establecer las funciones de la empresa:

1. Coordinar todos los elementos.
2. Aumentar el valor de los factores de producción (recursos naturales, materias primas y trabajo) que se han incorporado al proceso de producción. Esto se conoce como valor añadido: la diferencia entre el valor de los factores de producción y el valor final del bien.
3. Asumir riesgos. Toda empresa invierte en unos factores de producción sin saber si obtendrá un beneficio con la venta del producto elaborado.

Por ejemplo, si fabricamos libros, los factores de producción serán papel, herramientas, máquinas y personas. Estos elementos, por sí solos, no tienen utilidad, pero la empresa los combina y produce un libro, un bien que sí es útil. Para realizar todo el proceso, la empresa deberá adquirir con antelación los factores de producción, con lo cual asumirá un riesgo. La empresa que lleva a cabo todas las funciones, genera riqueza y empleo al país.

Así una empresa no es simplemente una unidad básica de producción, sino una institución que persigue una serie de objetivos, alcanzables mediante el desarrollo de sus funciones y la disposición de sus distintos elementos.

12. ¿Por qué una empresa que se centre solo en el objetivo de alcanzar beneficios fracasará en el futuro?
13. ¿Qué significa «adaptar el bien o servicio producido a los cambios»? Busca en Internet tres empresas que se hayan adaptado a los tiempos.
14. ¿Qué función empresarial consideras más importante? Razona tu respuesta.

2. La organización empresarial

Una vez que los objetivos están claramente definidos, toda actividad económica necesita una planificación previa de las distintas tareas. Para ello, es necesario:

- Detallar todos los recursos necesarios y sus costes.
- Elaborar una estructura organizativa para que exista coordinación y control entre las tareas y los recursos.

Los directivos de la empresa se ocupan de la organización, que deberá ir adaptándose a los cambios que vayan surgiendo. Por ejemplo, si mi empresa empieza a vender en otros países, será preciso cambiar la organización, ya que surgirán tareas que necesitarán la asignación de nuevos recursos y otros costes.

Planificar las tareas y sus costes es una actividad fundamental en la organización de una empresa.

Áreas funcionales

En general, en toda empresa encontramos cuatro áreas funcionales:

- **Área de producción:** se realizan las tareas de compra de materias primas y las propias del proceso de producción.
- **Área comercial:** se llevan a cabo las actividades relacionadas con la venta de los productos en función del mercado y de las características del consumidor.
- **Área financiera:** se realizan las tareas de previsión, obtención y control del coste de los recursos necesarios y el análisis de las inversiones.
- **Área de recursos humanos:** se gestionan la contratación, la formación y la motivación de los trabajadores de la empresa.

En el área de producción de una empresa que no fabrica, no se hará ningún tipo de transformación, sino que los recursos se irán incorporando al proceso de venta desde el almacén.

En el caso de una empresa de servicios, el área de producción no existirá, ya que la prestación del servicio no quiere ningún proceso de transformación.

El organigrama

Toda la organización de una empresa queda representada en una estructura denominada organigrama. Existen distintos tipos de organigramas dependiendo de las características y de las clases de empresas.

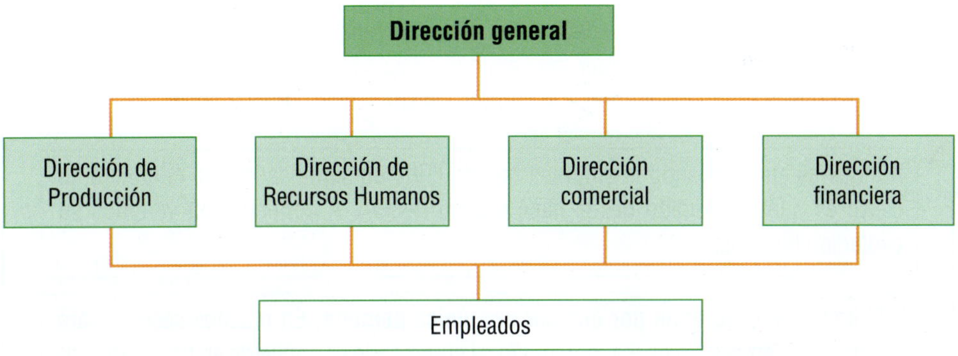

La organización de una empresa se representa por medio de un organigrama.

15 ¿Por qué en una empresa se deben planificar las tareas y los recursos antes de empezar la producción y una vez marcados los objetivos?

16 Si tu objetivo es aprobar el curso, ¿cuáles son las tareas que deberás planificar previamente para organizarte? ¿Qué provocará un cambio en la organización?

17 Supón que perteneces al equipo directivo de una fábrica de chocolate. Describe las tareas de las distintas áreas de producción.

Profundiza y juega

GIMNASIA EMPRENDEDORA

Una historia muy desordenada

Vamos a reflexionar acerca de los cambios que han existido a lo largo de la historia en la forma de llevar a cabo la labor empresarial. Para eso, leeremos dos artículos.

Debes ordenar las historias que están mezcladas. Tienes 10 minutos. ¿Eres rápido? ¡Adelante!

Solo tienes una pista: el nombre de los artículos adaptados de www.elblogsalmon.com.

Artículo n.º 1: «La evolución histórica del concepto de empresa».

Artículo n.º 2: «La evolución histórica del empresario».

Una vez ordenados, lee y comenta ambos textos en clase.

- Mercantilismo: los siglos XVII y XVIII serán recordados como aquellos en los que el comercio era la actividad económica básica. En este contexto surgió la empresa comercial, que era una unidad organizada que se dedicaba principalmente a desarrollar el comercio internacional.

El concepto de empresario ha sufrido grandes modificaciones desde la época del capitalismo mercantilista hasta la actualidad. De ser el propietario de la empresa y el que tomaba las decisiones, ha pasado a constituirse en una figura mucho más compleja, que no tiene que ser necesariamente una persona física ni el dueño de la empresa.

- Capitalismo financiero: a partir de principios del siglo XX la producción deja de ser la única preocupación de las sociedades. El crecimiento de las empresas había sido tal, que por primera vez en la historia se plasma la necesidad de diferenciar entre las figuras del empresario y los dueños del capital.

- El empresario **ya no es necesariamente el propietario de la empresa,** aunque en las empresas de pequeño tamaño siga siendo así. Esto se debe a la separación entre la propiedad y el control de la misma.

Actualmente el empresario ha de ser innovador, además de un buen líder y saber ser un buen estratega para escoger los caminos adecuados para conseguir los objetivos. La nueva figura del empresario cumple las siguientes características:

Aunque es ahora cuando la empresa ha adquirido su significado más completo, lo cierto es que ha existido desde hace mucho tiempo. A continuación veremos su evolución histórica:

- El empresario **no tiene por qué ser una única persona.** En muchos casos, sobre todo en las empresas de mayor tamaño, el empresario se convierte en un órgano colegiado, como sucede con el consejo de administración de las sociedades anónimas.

La empresa no es, por tanto, un ente aislado, sino que **forma parte de un entorno mucho más complejo** que está formado por elementos interrelacionados entre sí y con la propia empresa, sobre los cuales esta tiene escasa o nula influencia, pero que condicionan su actividad. Nos referimos a los factores demográficos, tecnológicos, legales, competidores, intermediarios o entidades financieras, por citar algunos ejemplos.

En definitiva, tenemos que diferenciar entre el **empresario profesional,** que es quien gestiona y dirige la empresa, aun no habiendo aportado patrimonio a la misma, y el **empresario patrimonial,** que ha aportado capital a la empresa y cuyo principal objetivo es rentabilizar su inversión.

En la actualidad, el papel de las empresas se ha vuelto mucho más complejo debido a fenómenos como la globalización o al avance incesante de las nuevas tecnologías de la información y del conocimiento. En la empresa de hoy en día, y principalmente en las de gran tamaño, **las figuras del empresario y del dueño del capital están claramente definidas.**

- La actividad del empresario **no tiene por qué ser de tipo técnico.** Más bien se dedica a fijar objetivos, establecer planes, organizar la empresa, etc. Esta función se denomina administración o *management.*

- Capitalismo industrial: en el siglo XIX se impulsó un tipo de actividad económica no tan simple como la anterior, sino muchísimo más compleja. En este contexto nacieron las llamadas **empresas industriales,** que, como su propio nombre indica, se dedicaban básicamente a actividades transformadoras, de forma que la mayoría de empresas de la época eran fábricas.

La empresa actual integra un conjunto de factores de producción (recursos naturales, personas y capital), que han de ser organizados por el empresario y dirigidos para la obtención de unos objetivos empresariales, como asegurarse la obtención de un beneficio, pero **sin olvidar su responsabilidad social con el entorno que la rodea** y condiciona su actividad.

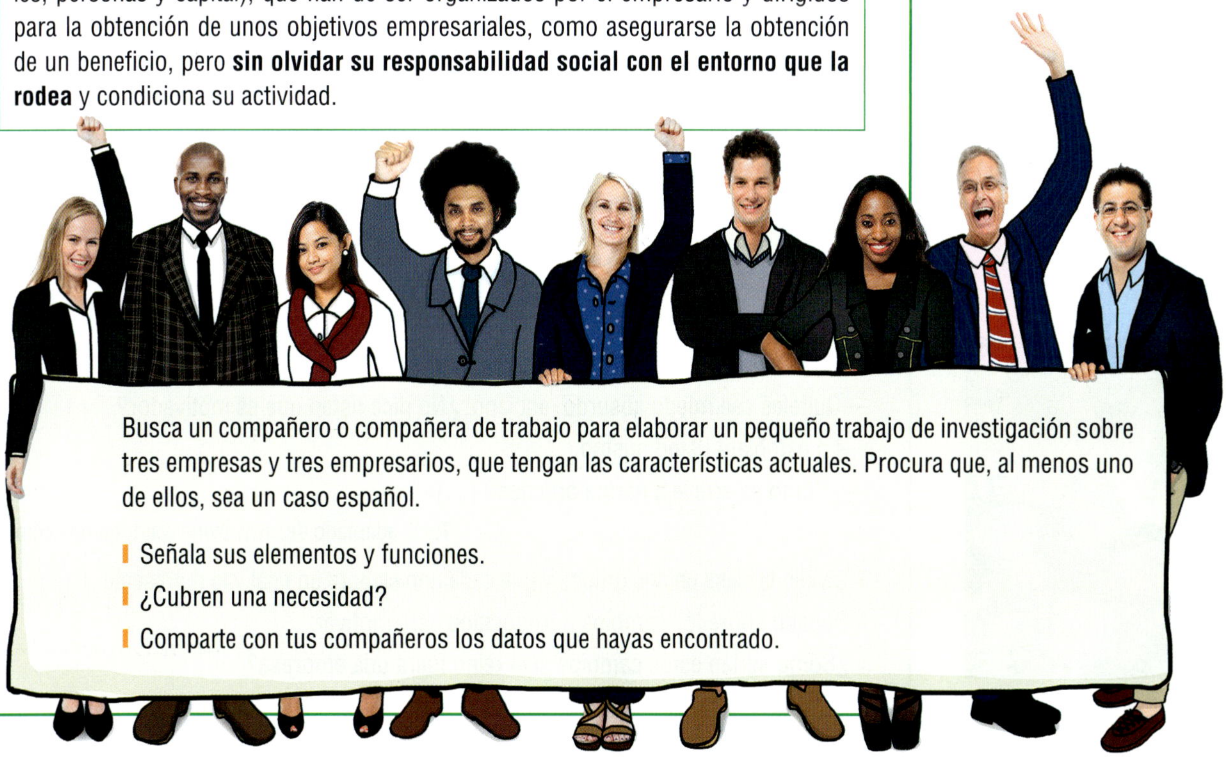

Busca un compañero o compañera de trabajo para elaborar un pequeño trabajo de investigación sobre tres empresas y tres empresarios, que tengan las características actuales. Procura que, al menos uno de ellos, sea un caso español.

- Señala sus elementos y funciones.
- ¿Cubren una necesidad?
- Comparte con tus compañeros los datos que hayas encontrado.

GIMNASIA EMPRENDEDORA

¿Debemos sonreír en el trabajo?

Vamos a leer este fragmento de **«La metáfora del reino que no sonreía».**

«Érase una vez... un reino triste. Sus habitantes habían tratado de averiguar el origen de aquel abatimiento preguntándose unos a otros, pero al final siempre llegaban a la misma conclusión: miedo. Pero, miedo... ¿a qué?

Un día llegó un anciano extranjero a un paso tan lento que no podía ignorar el hecho de que nadie sonreía. Ni los niños ni los viejos... nadie. Los campesinos trabajaban lentamente y se rascaban la nuca con obsesión. Con ese lento andar se acercó a uno de ellos y preguntó:

—¿Os trata mal vuestro rey?

—¿El rey? No nos trata mal. ¿Por qué lo pregunta?

—Parecéis oprimidos por algo.

—Creemos que es miedo.

—¿Miedo a qué?

El ciudadano solo supo encogerse de hombros y se alejó mirando al aire con desgana mientras suspiraba: "¡Y yo que sé!".

El anciano quedó confuso, ya que nunca había visto un pueblo tan desmotivado sin aparente razón. Dirigió sus ojos hacia la ciudad y vio el castillo donde vivía el rey. Pensó en acercarse para descubrir el origen de aquel misterio y en su camino le adelantó a toda velocidad una caravana real que casi le atropella. En ese momento, con el anciano en el suelo, la caravana paró y una cabeza asomó por un lateral del carruaje.

La mirada seria y gris del rey lo estudió con ojos cansados y, al asegurarse de que todo estaba bien, volvió a desaparecer. Las personas miraban la escena en un silencio que solo fue roto por los caballos cuando siguieron su camino. El anciano vio el miedo en la cara de los campesinos. ¡No temían por él, sino por ellos mismos!

Ya en el castillo, pidió audiencia con el rey, pero le dijeron que era imposible. Insistió y solo pudo pasar cuando, dos días después, se identificó como "motivador", ya que sabía que era el gran problema de aquel lugar. Ya ante el rey, le preguntó:

—¿Por qué no sonríe?

—¡Qué insolente! ¿Por qué no sonrío, dice? ¿Por qué debería hacerlo? Nadie lo hace, la producción va a peor, la gente ya no celebra ni sus fiestas tradicionales. Algo pasa en este reino y tengo miedo. Mis puertas están cerradas, voy corriendo a todas partes. Bueno, usted ya lo sabe, pues casi nos lo llevamos por delante.

—¿Sabe que el pueblo tiene miedo?

—¿Ellos? ¿A qué?

—No lo saben

—Quíteles ese miedo absurdo, anciano. ¿No dice usted que es motivador?

—Lo cambiará usted mismo.

—¿Cómo se atreve a darme órdenes? [...]»

Texto adaptado de www.pymesyautonomos.com

- Dividid la clase en dos grupos y que cada uno elabore un final y lo represente.
- Debatid sobre los cambios introducidos para motivar.
- ¿Cómo serían estos cambios si el reino fuera una empresa?

¿Qué podrá hacer el motivador?

3. Relaciones con las Administraciones Públicas

Las empresas y las familias deben contribuir al sostenimiento del gasto público de las distintas Administraciones: la estatal, la autonómica y la local.

Para financiar los bienes y servicios públicos, el Estado ha elaborado un sistema impositivo donde queda fijada la forma de recaudar los distintos tributos.

En el artículo 2, punto 1, de la Ley 58/2003 General Tributaria (LGT) se definen los tributos como:

> «Los ingresos públicos que consisten en prestaciones pecuniarias exigidas por una Administración Pública como consecuencia de la realización del supuesto de hecho al que la ley vincula el deber de contribuir, con el fin primordial de obtener los ingresos necesarios para el sostenimiento de los gastos públicos.»

Los tributos que pagan las empresas y las familias contribuyen al sostenimiento del gasto público.

TIPOS DE TRIBUTOS

Tipo de tributo	Descripción		Obligación empresarial
Tasas	Pago por un servicio público prestado por la Administración.		En el caso de una empresa situada en un polígono industrial: - Tasa de alcantarillado y basura. - Tasa del servicio municipal de aguas.
Contribuciones especiales	Pago por la existencia de un beneficio presente o futuro debido a la realización de una obra pública.		Contribución a la construcción de carreteras y alumbrado en el polígono industrial donde está situada la empresa.
Impuestos	Tributos que se pagan en función de la capacidad económica o el consumo del contribuyente.	Directos: - Gravan la renta obtenida. - Pagan más los que más renta tienen.	- IRPF (Impuesto sobre la Renta de las Personas Físicas). - IS (Impuesto de Sociedades). - IAE (Impuesto sobre Actividades Económicas).

		Indirectos:
		- Gravan el consumo: todos pagamos lo mismo, independientemente de nuestra renta.
			- IVA (Impuesto sobre el Valor Añadido): grava todas las compras realizadas.
			- Impuestos especiales:
			  - IBI (Impuesto sobre Bienes Inmuebles).
			  - Impuesto sobre vehículos de tracción mecánica.
			  - Impuesto sobre instalaciones y obras.

Tributos a los que está obligada una empresa.

> Recuerda que los impuestos no son lo mismo que los tributos, los impuestos son una parte de los tributos.

18 ¿Cómo se financian los bienes y servicios públicos?

19 Si una empresa o familia no paga tributos, está perjudicando a la sociedad. ¿Estás de acuerdo con esta idea?

20 ¿Qué impuestos paga una familia? ¿Serán los mismos que una empresa?

Profundiza y juega

Para saber más

La página web de la agencia tributaria (www.agenciatributaria.es) informa de cualquier modificación tributaria.

Los tributos según su ámbito administrativo

Los tributos se pueden clasificar según la Administración que los recauda: estatal, autonómica o municipal.

Tributos estatales:

- **IRPF**: grava la renta obtenida de salarios, intereses o alquileres.
- **IVA**: grava el consumo de bienes y servicios. En función del bien gravado, tiene tres tramos: general, reducido y superreducido.

TRAMOS DE IVA	BIEN OBJETO DE GRAVAMEN
General 21 %	Coches, CD, DVD, electrodomésticos, ropa, calzado, cosméticos, etc.
Reducido 10 %	Productos destinados a la alimentación humana, agua, productos sanitarios, lentillas y gafas graduadas.
Superreducido 4 %	Alimentos básicos (pan, leche, queso, huevos, frutas o verduras), material escolar…

- **Impuesto de Sociedades (IS)**: grava el beneficio empresarial obtenido; paga más el que más beneficio obtiene.
- **Impuestos especiales**: gravan determinados bienes (bebidas alcohólicas, hidrocarburos y tabaco). Estos impuestos los pagan las personas que compran o consumen esos bienes.

Una empresa deberá tener en cuenta los distintos plazos de sus obligaciones fiscales.

Tributos autonómicos:

- **Sucesiones y donaciones**: lo pagan las personas cuando reciben dinero u otros bienes de forma gratuita, por ejemplo, una herencia.
- **ITP/AJD** (Impuesto sobre Transmisiones Patrimoniales y Actos Jurídicos Documentados). Se aplica a las transmisiones (compraventas) de todo tipo de bienes y derechos, a determinadas operaciones que realizan las empresas y a actos que se tienen que documentar oficialmente (escritura de una casa y otros documentos notariales).

Tributos municipales:

- **IAE**, solo para aquellas empresas que facturen más de 1 000 000 € al año.
- **IBI**, sobre los bienes inmuebles (piso, locales…).
- **Impuesto sobre vehículos de tracción mecánica** (motos, coches, camiones…).
- **Impuesto sobre instalaciones y obras.**

El calendario fiscal

¿Cuándo tiene que cumplir la empresa con sus obligaciones tributarias?

1. **Al inicio de la actividad.** Son obligaciones propias de la constitución y el funcionamiento de la empresa; por ejemplo: IAE.
2. **Durante la gestión empresarial.** Surgen durante el desarrollo de la actividad empresarial; por ejemplo: IVA, IS e IBI.
3. **Al finalizar la actividad.** Surgen al dar de baja la empresa; por ejemplo: baja en el IAE.

Toda empresa deberá tener en cuenta los plazos de pago de las distintas obligaciones tributarias de cada Administración. Este calendario de pagos de denomina calendario fiscal.

Para saber más

Además de sus obligaciones fiscales, las empresas realizan unos pagos a la seguridad social llamados cotizaciones sociales.

Las cotizaciones sociales son un porcentaje del salario que pagan el empresario y el trabajador; están destinadas a cubrir prestaciones sociales: asistencia médica o pensiones.

GIMNASIA EMPRENDEDORA

¿Eres un futuro asesor fiscal?

Te planteamos los siguientes retos para que los resuelvas con ayuda de un asesor fiscal:

Reto n.º 1

Los tributos son los ingresos públicos de las distintas Administraciones, pero ¿todas las empresas pagan lo mismo?

- Manolo abrió un taller mecánico en 2003 y desde el inicio de su actividad es autónomo. ¿Cuáles son sus obligaciones fiscales? ¿Cuándo y dónde se pagan los tributos?
- Un grupo de estudiantes de psicología decide montar una consulta y forma una sociedad de responsabilidad limitada (S. L.). ¿Cuáles son las obligaciones fiscales? ¿Cuándo y dónde se pagan los tributos?
- Ante el cierre de una empresa de pintura, los trabajadores deciden montar una cooperativa. ¿Cuáles son las obligaciones fiscales? ¿Cuándo y dónde se pagan los tributos?

Pon en común los resultados obtenidos. ¿Sabes en qué lugares se pagan los tributos en tu ciudad?

Reto n.º 2

El IVA es el impuesto más conocido entre los ciudadanos. Está presente en todas nuestras compras diarias.

Elabora una lista con los bienes y servicios que consumes, y señala el IVA que le corresponde a cada producto. No olvides traer cinco tiques de compra.

Recuerda que en todo impuesto vamos a encontrar tres conceptos:

- Base imponible (BI): el importe sin aplicar el porcentaje del tipo impositivo.
- Tipo impositivo (% de IVA): el porcentaje de impuesto que se aplicará en función del bien o servicio.
- Cuota tributaria: el importe resultante de aplicar a la base imponible el tipo impositivo.

Cuota tributaria = BI + (% de IVA sobre la BI).

Señala la base imponible y la cuota tributaria de los cincos tiques de compra de la lista. ¿Es justo que todos los ciudadanos paguen el mismo porcentaje de IVA? Comparte con tu clase los datos que has obtenido.

4. Ayudas empresariales

Las empresas reciben unas ayudas por parte de las Administraciones, que se denominan subvenciones. Algunas de estas ayudas provienen de la Unión Europea.

Las subvenciones se solicitan por diferentes motivos: mejora de instalaciones, contratación de personas con una serie de características, innovación tecnológica del proceso de producción, pérdidas causadas por un desastre natural, cierre de fronteras que impide la actividad comercial, ayuda a jóvenes emprendedores…

Para saber más

Todos los tributos disponen de una serie de formularios para su presentación.

En muchos casos, el pago se puede hacer por vía telemática.

Interactúa con el sistema

¿A qué persona o institución de vuestra localidad podéis invitar a la clase para que os hable de los tributos y subvenciones existentes?

Para saber más

Las Administraciones Públicas disponen de portales web en los que, de forma periódica, se detallan las ayudas a las que puede optar una empresa. Por ejemplo: emprendedores y pymes: http://www.ipyme.org/ del Ministerio de Energía, Industria y Turismo.

Una empresa debe estar conectada a todo lo que la rodea y abierta ante los cambios.

Vocabulario emprendedor

El entorno externo de la empresa se divide en:

- **Entorno general:** aspectos como la situación económica o los cambios legislativos y demográficos, que afectan a todas las empresas por igual.
- **Entorno específico:** aspectos relacionados directamente con la actividad de la empresa (clientes, competidores, suministradores...).

4 La empresa actual

Una empresa es algo más que una unidad básica de producción: compra las materias primas y aumenta su valor, obteniendo un bien o servicio que cubre una necesidad en la sociedad. Así pues, una empresa es una organización abierta que debe tener en cuenta el entorno que la rodea, ya que interactúa dentro y fuera de él.

Una empresa deberá organizarse atendiendo al entorno externo: clientes; competidores; movimientos sociales y culturales; redes sociales; mercados financieros; avances en investigación, desarrollo e innovación; el Estado y sus leyes; y la sociedad en general.

Este entorno externo marca la organización empresarial (estructura interna); esto se denomina «filosofía *crowd*». Antoni Gutiérrez-Rubí y Juan Freire, autores del libro *Manifiesto crowd: la empresa y la inteligencia de las multitudes,* nos dicen que una organización empresarial debe apostar por la filosofía *crowd* y, en consecuencia, ser una empresa abierta.

En palabras de Gutiérrez-Rubí: «La empresa abierta debe relacionarse e interactuar con la comunidad que la rodea o constituye directamente». Esta es la diferencia con las organizaciones empresariales tradicionales, que hacían que las empresas fueran cerradas y sin comunicación, y que permanecieran ajenas a las influencias de la sociedad.

Señalamos algunos aspectos del Manifiesto Crowd:

- La empresa del siglo XXI no puede estancarse en un su perímetro de seguridad, debe explorar el posible adyacente.
- Una empresa puede estar cerrada al exterior o abierta al mundo, ahogarse o transformarse.
- Las empresas deben explotar lo que saben hacer, pero también explorar lo que podrían llegar a conocer.
- Ser permeables para dejar que el futuro se cuele entre las paredes del presente.
- Conectividad empresarial no es unir puntos, ni tejer redes... es establecer relaciones para pensar, desarrollar y comercializar conjuntamente.
- La empresa debe ser una plataforma para construir un ecosistema del que nazcan las oportunidades.
- La empresa crowd está abierta al mundo entero.
- Las organizaciones jerárquicas orientadas a la eficiencia se desconectan emocionalmente de sus empleados y su innovación es cara y lenta.
- La innovación abierta implica escuchar y abrirse al exterior, suavemente.
- La razón de ser de una empresa hoy es la innovación orgánica y continua en que participan agentes internos y externos.
- Quienes no fracasan en sus búsquedas innovadoras no se han atrevido lo suficiente.
- Para una empresa, la mejor prueba de su voluntad innovadora es su capacidad de recompensar fracasos audaces.

GUTIÉRREZ-RUBÍ, A. y FREIRE, J.: *Manifiesto crowd: la empresa y la inteligencia de las multitudes.*

Otra forma de comenzar los negocios: las compañías *startup*

Una *startup* es una empresa de nueva creación que presenta una serie de aspectos que la diferencian de cualquier otra empresa de nueva creación:

- Este modelo de negocio lo utilizan mayoritariamente empresas relacionadas con el área tecnológica y las TIC.
- Las necesidades de financiación, en un principio, son bajas.
- Presentan muchas posibilidades de crecimiento a medio y largo plazo.
- Suelen evolucionar rápidamente; se convierten en grandes empresas en poco tiempo.

Hay muchos ejemplos de *startups,* que ahora son grandes empresas, con elevados beneficios y conocidas en todo el mundo: Google, Twitter y Facebook.

Startup: pequeños modelos de negocio para futuras grandes empresas.

GIMNASIA EMPRENDEDORA

Todo emprendedor elabora una matriz DAFO, ¿y tú?

Para realizar un análisis externo e interno de la empresa, vamos a utilizar la técnica de la matriz DAFO, con la que podemos analizar sus debilidades, amenazas, fortalezas y oportunidades.

El **análisis externo** comprende:

- Las amenazas o cambios que se van produciendo en el entorno y que la empresa debe considerar. Por ejemplo, el surgimiento de otros competidores y productos.
- Las oportunidades o modificaciones en el entorno que ofrecen a la empresa nuevas áreas de negocio o determinadas situaciones. Por ejemplo, el aumento de la renta de las familias.

El **análisis interno** abarca:

- Las debilidades y las fortalezas, que son aspectos presentes en la actividad empresarial y que suponen una diferencia con los competidores. Por ejemplo, un equipo directivo inadecuado (debilidad) o la alta cualificación de los trabajadores (fortaleza).

Una vez que se ha realizado el diagnóstico de la empresa, se deben a plantear estrategias de cambio para incidir en los aspectos positivos y mejorar o eliminar los negativos. Por ejemplo, si se detecta el crecimiento de un mercado, se puede elaborar una estrategia para aprovechar esa oportunidad, siempre que se cuente con las fortalezas convenientes (recursos financieros, infraestructuras, personal adecuado...).

¿Eres capaz de elaborar una matriz DAFO? Sigue estos pasos:

1. Visita páginas web con ejemplos de matrices DAFO antes de realizar la tuya.
2. Elabora con toda la clase una lista de empresas conocidas.
3. Junto con un compañero inventa una situación de partida de dos empresas con datos suficientes para realizar el análisis externo e interno (podéis buscar información en Internet).
4. Formad grupos de cuatro personas y repartíos las empresas con la información. Nadie puede coincidir con las empresas que se han trabajado en el punto anterior.
5. Seleccionad una empresa y elaborad la matriz DAFO en una cartulina.
6. Poned en común el trabajo y elaborad posibles estrategias para incidir en los aspectos positivos y mejorar o eliminar los negativos de cada empresa.

Diagnóstico de situación actual

Análisis INTERNO	Análisis EXTERNO
Debilidad Aspecto negativo de una situación interna y actual.	**Amenaza** Aspecto negativo del entorno exterior y su proyección futura.
Fortaleza Aspecto positivo de una situación interna y actual.	**Oportunidad** Aspecto positivo del entorno exterior y su proyección futura.

Vocabulario emprendedor

¿Qué palabra de esta unidad quieres incluir en tu diccionario emprendedor? Explícala con tus palabras.

PROYECTO DE UNIDAD: «¡VISITAMOS NUESTRO ENTORNO!»

Introducción

A lo largo de esta unidad, nos hemos ocupado de la función de la empresa en la sociedad, la relación con las familias y el Estado, y la responsabilidad que debe asumir dentro y fuera de la sociedad.

Proceso

Vamos analizar el tejido empresarial de nuestro barrio y a estudiar la clase de empresas que lo conforman.

Paso 1

Dividimos la clase en grupos (de cinco personas, como máximo); cada grupo se encargará de una zona del barrio.

Nuestros equipos deben investigar:

1. La forma jurídica de las empresas.
2. Sus objetivos y si cumplen con algún aspecto de la RSC.
3. Sus elementos y funciones.
4. El momento de pago de sus obligaciones fiscales y si han recibido alguna subvención.
5. Su interacción con el entorno.

Paso 2

Con la información obtenida, cada grupo hará una presentación de diapositivas y una matriz DAFO de cada una de las empresas analizadas.

No olvidéis proponer estrategias para incidir en los aspectos positivos y mejorar o eliminar los negativos.

Paso 3

A continuación, se pondrá en común la información recabada y, si es posible, se aportará sugerencias constructivas a los trabajos de otros equipos.

Al final, obtendremos un análisis del tejido empresarial del barrio, acompañado de estrategias para mejorar su actividad.

Paso 4

Si es posible, visitaremos las empresas analizadas para comentar a sus responsables el análisis realizado y las propuestas de mejora.

Recomendación

Para que la puesta en común entre los grupos sea más enriquecedora, podéis elaborar un blog en el que compartir los datos de las investigaciones con el resto de la clase. También podéis invitar a representantes de las empresas de vuestro barrio implicadas en el estudio el día que vayáis a presentar vuestro trabajo en la clase.

Incorporad fotos de las fases de vuestra investigación e intentad ser creativos.

Interioriza

Piensa y anota en tu diario emprendedor las dos empresas de tu localidad que más te han llamado la atención y explica el motivo. Explica también dos situaciones de esta semana en las que hayas puesto en práctica algunas habilidades y actitudes aprendidas.

Comparte y ayuda

¿Qué le dirías a los compañeros del año próximo cuando trabajen esta unidad? ¿Qué ha sido lo más importante que has aprendido?

6 La producción

Cita emprendedora

«Odio las cadenas de producción en serie de las grandes fábricas, que privan a los hombres de la alegría por los esfuerzos de su trabajo, haciendo hombres y productos baratos.»

RICHARD WAGNER

Los procesos de producción tienen un objetivo: satisfacer una necesidad del consumidor o del proceso productivo de una empresa.

Las empresas fijan sus objetivos de producción según los costes que tendrán que cubrir y los ingresos que necesitan obtener, sin olvidar la innovación y la calidad en sus productos.

El resultado de un proceso de producción se intercambia en los mercados; por ello la empresa debe crear una imagen propia del bien que produce o del servicio que presta, que la haga única a los ojos del cliente y de los competidores.

Antes de comenzar

Lee el siguiente texto que trata del nacimiento de una gran empresa: LEGO.

Estos juguetes de montar se crearon hace 65 años y fueron una invención del danés Ole Kirk Kristiansen, nacido en Filskov el día 7 de abril del año 1891 y fallecido el 11 de marzo de 1958.

Su juventud no fue sencilla, dado que se crio en una familia numerosa y pobre. Él mismo era el décimo hijo de la familia, lo que hizo que su infancia estuviera marcada por el trabajo. Comenzó a aprender la profesión de carpintero, lo que le procuró una ocupación aparentemente estable. No obstante, con el paso de los años, ya adulto, se encontró sin trabajo debido a la depresión que estaba viviendo la sociedad de Dinamarca. Esto lo llevó a buscar nuevas vías laborales.

El nombre LEGO se formó a partir de dos palabras danesas: *leg godt* (cuyo significado es 'jugar bien'). Ese es su nombre y su ideal.

LEGO Group fue fundada en 1932 por Ole Kirk Kristiansen. La compañía pasó de padre a hijo y actualmente su propietario es Kjeld Kirk Kristiansen, nieto del fundador.

«Hemos recorrido un largo camino durante casi 80 años, desde los inicios en el pequeño taller de un carpintero, hasta convertirnos en una moderna empresa multinacional, que, en la actualidad, ocupa el tercer puesto mundial entre los fabricantes de juguetes en términos de ventas.

El *brick* LEGO es nuestro producto más importante... y el motivo por el cual tenemos el orgullo de haber recibido dos veces el galardón de "juguete del siglo". Nuestros productos han experimentado un enorme desarrollo a lo largo de los años, pero su esencia sigue siendo el tradicional *brick* LEGO.

El formato actual de nuestro *brick* nació en 1958. El principio de unión por medio de sus tubos lo convierte en un elemento único que ofrece unas posibilidades de construcción ilimitadas. Simplemente hay que dejar volar la imaginación y permitir que nazcan múltiples ideas creativas durante el juego.»

Texto elaborado con información de las páginas web http://www.quecomoquien.es y http://aboutus.lego.com

1. ¿Qué te sugiere la afirmación de Richard Wagner del inicio de la unidad?
2. ¿Qué produce LEGO?
3. Busca en Internet tres ejemplos de empresas españolas que fabriquen productos que consumas.
4. ¿A qué se refiere el texto cuando dice: «Simplemente hay que dejar volar la imaginación y permitir que nazcan múltiples ideas creativas durante el juego»?

LEGO ha conseguido crear piezas de personajes de películas famosas.

Desea y pregunta

1 Los elementos de producción

Todo proceso de producción necesita diversos elementos para poder producir bienes y servicios: son los factores de producción. Se dividen en:

Recursos naturales

Proceden de la tierra, el aire y el mar.

- **Renovables:** se van renovando con el tiempo y el uso no los agota. Ejemplos: agua, viento y sol.
- **No renovables:** no se renuevan con el tiempo y tienen un tiempo limitado de uso. Ejemplos: petróleo y carbón.
- **Mixtos:** no se renuevan, pero un uso razonable y sostenible en el tiempo nos permite su utilización más tiempo. Ejemplo: la madera; a la vez que talamos el bosque podemos ir plantando nuevos árboles.

Importante

Debemos hacer un uso responsable de los recursos naturales, ya que muchos de ellos no se pueden reutilizar para producir más bienes, como es el caso del petróleo. Por esta razón, los países están introduciendo fuentes de energías alternativas: el Sol, el aire o la fuerza del agua.

Grupo humano

Todo el equipo de personas que intervienen en el proceso de producción.

Capital

Las herramientas y máquinas utilizadas en el proceso productivo.

Recuerda que este factor de producción no es dinero.

Capacidad organizativa, innovación, creatividad...

Aspectos de carácter inmaterial coordinados por el directivo, que hacen a la empresa diferente respecto a sus competidoras.

Los factores de producción se incorporan al proceso de producción en función del bien o servicio que se va a producir.

Es muy importante hacer una previsión de lo que necesitamos, para obtener una producción eficiente y utilizar solo los factores precisos.

5. ¿Por qué son importantes los factores de producción?
6. Enumera los factores productivos necesarios para generar:
   - Una barra de pan.
   - Una silla.
   - La función de un circo.
   - Un hospital.
   - Una camiseta.
   - El asesoramiento de un abogado.
7. ¿Por qué es necesario que una empresa realice un cálculo aproximado de lo que va a gastar en un proceso productivo?

2 El mercado

Importante

Gracias a los avances tecnológicos no es necesario que un mercado tenga una existencia física (tienda, supermercado o mercado de abastos): también existen mercados en Internet.

Una vez que se han producido los bienes y servicios, las empresas necesitan un espacio para intercambiar su producción; este espacio se conoce con el nombre de mercado. En algunos casos, el intercambio en los mercados se produce en moneda extranjera o divisa. El Banco de España entiende por divisas tanto los billetes de bancos como los saldos bancarios en moneda extranjera. Conforman un mercado los siguientes elementos:

- **Los demandantes:** quienes acuden a los mercados para adquirir los bienes y servicios que necesitan. Pueden ser empresas, familias o el Estado.

Las **empresas** adquieren las materias primas y los servicios necesarios para realizar su producción. Ejemplos: pintura, clavos o el asesoramiento de un abogado.	Las **familias** buscan los bienes y servicios que satisfagan sus necesidades. Ejemplos: ropa, comida o transporte.	El **Estado** adquiere bienes y servicios que faciliten su función en la sociedad. Ejemplos: ordenadores, mesas o transporte.

- **Los oferentes:** las empresas que nos ofrecen los bienes y servicios producidos.
- **El precio:** el instrumento que nos permite el intercambio entre oferentes y demandantes. Todos los bienes y servicios fijan su valor en unidades monetarias.

1. Tipos de mercado

- **Según el número de competidores:**
  - Competencia monopolística: existe un número elevado de demandantes y de oferentes. Por ejemplo, el mercado de alimentación.
  - Oligopolio: existen pocos oferentes y muchos demandantes. En este mercado, las empresas tienen bastante poder para fijar el precio de los bienes y servicios. Por ejemplo, el mercado de la telefonía móvil.
  - Monopolio: existe un único oferente y muchos demandantes. La empresa oferente tiene un poder absoluto para fijar el precio. Estos mercados están prohibidos y solo se permiten bajo la tutela del Estado. Por ejemplo, el servicio de ferrocarril.
- **Según el tipo de compradores:**
  - Mercado de bienes y servicios: a él acuden las empresas ofreciendo su producción y las familias demandando bienes y servicios.
  - Mercado de factores de producción: en él las empresas demandan los factores de producción que necesitan para la realización de los bienes y servicios, y las familias ofrecen los factores de producción. Por ejemplo, las familias ofrecen su trabajo a las empresas que lo demandan, a cambio de un salario.
- **Según el ámbito de actuación:**
  - Mercados locales: la zona de influencia es un área determinada. Por ejemplo, el mercado de barrio en una ciudad.
  - Mercados nacionales: la zona de influencia es un país. Por ejemplo, el mercado textil español.
  - Mercados internacionales y multinacionales: la zona de influencia abarca varios países o el mundo. Por ejemplo, el mercado del petróleo.

8 ¿Por qué es importante un mercado?

9 Busca en Internet ejemplos de oligopolios y mercados de competencia monopolística. ¿Qué diferencias encuentras entre ambos tipos de mercados?

10 Describe una compra que hayas hecho últimamente, enumera sus distintos elementos y los mercados que han intervenido. Si hubiera sido una compra por Internet, ¿qué habría cambiado?

Profundiza y juega

3 El proceso de producción

En toda producción intervienen distintos factores, que, por sí solos, no tienen ninguna utilidad, pero si la empresa los combina de forma adecuada hacen posible la obtención de bienes y servicios eficientes.

1. Fases en un proceso de producción

El proceso de producción es distinto en cada empresa. Vamos a ver cómo es en el caso de la fabricación de unos zapatos:

Entradas

Factores de producción

Recursos naturales

La vaca aporta la piel.

Trabajo

Los trabajadores son la mano obra.

Capital

La maquinaria permite fabricar el zapato.

Empresa

Combina y transforma los factores de producción

Un trabajador diseña el modelo de zapato.

Otro trabajador fabrica al zapato con ayuda de una máquina.

Salida

Bienes y servicios producidos; en este caso, un par de zapatos.

El nexo de unión entre las entradas y las salidas será el proceso de transformación realizado por la empresa. En él será muy importante organizar los distintos factores productivos, la calidad de estos, la formación y cualificación de los trabajadores, la planificación del coste del proceso y una previsión de las posibles ventas. Esto se denomina el saber hacer de la empresa y en él reside el éxito o el fracaso de un proceso de producción, que debe planificar la dirección empresarial.

Para saber más

El inventario

Es el documento en el que se reflejan de forma ordenada los distintos tipos de bienes de la empresa. Hay dos tipos de inventarios:

- De materias primas, que incluye todos los elementos necesarios para la producción.
- De productos terminados, donde se sitúa la producción lista para comercializarla.

La falta de un control sistemático del inventario puede generar unos elevados costes de producción a la empresa.

11 ¿Por qué los factores de producción no tienen utilidad por sí solos?

12 ¿A qué se llama saber hacer de la empresa *(know how)?* Pon dos ejemplos.

13 Representa el proceso de producción de una chaqueta vaquera y de un libro de texto.

2. La ganancia o la pérdida en la producción

Todo el proceso de producción, desde las entradas hasta la obtención de las salidas, conlleva un coste para la empresa. Si esta quiere obtener beneficios, los costes deben ser menores a los ingresos obtenidos por las ventas.

En toda empresa hemos de distinguir entre costes, ingresos y beneficios.

Costes

El coste es el gasto monetario ocasionado en el proceso de producción.

Distinguimos entre:

- **Coste variable (CV),** que varía en función de la producción obtenida. Por ejemplo, en el caso de la fabricación de zapatos, el coste de la piel será mayor o menor, en función de las unidades que se produzcan.
- **Coste fijo (CF),** que no depende del proceso de producción. Por ejemplo, el alquiler del local se pagará igual todos los meses, independientemente del nivel de producción.

El **coste total** (CT) de la producción será la suma de ambos costes.

$$CT = CF + CV$$

Ingresos

El ingreso (IT) es la cantidad de dinero que se obtiene por la venta de los bienes y servicios producidos. Es el resultado del precio de venta del producto (P) por la cantidad vendida (Q).

$$IT = P \times Q$$

Beneficios

El beneficio es la cantidad de dinero que obtiene la empresa una vez que se deduce de los ingresos el importe de los costes. Si los ingresos son superiores a los costes, hay beneficio. Si los costes son iguales a los ingresos, el beneficio es nulo. Si los costes son mayores, se produce pérdida.

$$Beneficio = IT - CT$$

Beneficio: $IT > CT$
Beneficio nulo: $IT = CT$
Pérdida: $IT < CT$

Cuando la empresa obtiene un beneficio nulo, decimos que no gana ni pierde. En economía, este nivel de venta se conoce como punto muerto: se cubren los costes de producción, pero la empresa no tiene una ganancia extra.

Si en la empresa se generan más costes que ingresos, está en números rojos; en este caso la empresa no cubre los costes de producción, lo que implica una deuda. Si esta situación se prolonga, puede desembocar en el cierre de la empresa y el consecuente despido de los trabajadores.

Hay muchos motivos por los que una empresa puede obtener números rojos: una mala gestión de los factores productivos, desmotivación de los trabajadores, el uso de materias primas de baja calidad, una planificación incorrecta, etc. Por eso, una empresa debe controlar todas las fases de su proceso de producción, desde la entrada hasta la salida.

Toda empresa debe planificar los posibles costes e ingresos en la producción.

Ejemplo 1. Beneficios o pérdidas para el bar del instituto

En el bar del instituto se venden bocadillos en la hora del recreo. La dueña, Mercedes, necesita saber cuántos bocadillos deberá vender para obtener beneficios. Por eso, nos plantea los siguientes casos:

- Caso n.º 1: vende 150 bocadillos.
- Caso n.º 2: vende 100 bocadillos.
- Caso n.º 3: vende 90 bocadillos.

Solicitamos la siguiente información a Mercedes:

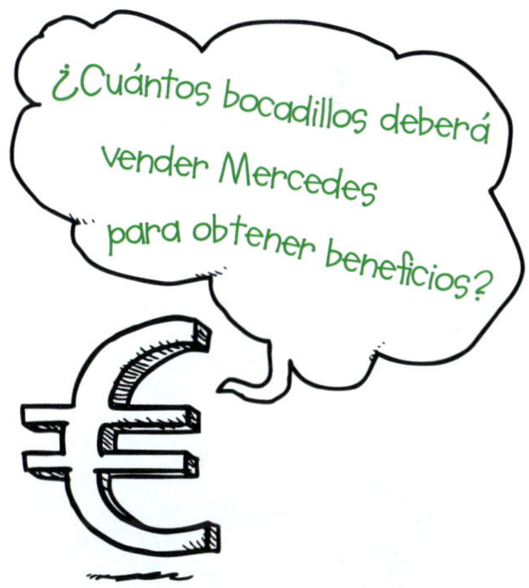

Para cada caso, calculamos los costes totales (CT), los ingresos totales (IT) y los beneficios.

	Caso 1	Caso 2	Caso 3
CT = CF + CV	100 + 90 = 190 €	100 + 60 = 160 €	100 + 54 = 154 €
IT = P x Q	1,60 x 150 = 240 €	1,60 x 100 = 160 €	1,60 x 90 = 144 €
Beneficios = IT – CT	240 – 190 = 50 €	160 – 160 = 0 €	144 – 154 = –10 €

Le recomendamos a Mercedes que, con los costes que tiene que asumir, si quiere obtener beneficios, deberá vender más de 150 bocadillos a la semana.

GIMNASIA EMPRENDEDORA

¿Sabré obtener beneficios?

Mercedes ha cerrado el bar del instituto. Un grupo de alumnos se ha dado cuenta de que atender la demanda de bocadillos del centro puede ser una oportunidad de obtener dinero para el viaje de fin de curso. El organizador del viaje comenta que cada alumno deberá entregar 850 € si quiere ir de viaje. La clase decide que, al menos la cuarta parte del total (212,50 €), se va a financiar con la venta de bocadillos.

Hagamos las siguientes cuentas, considerando que en la clase hay 36 estudiantes:

- ¿Cuántos bocadillos hay que vender al mes para obtener la cantidad necesaria?
- ¿Durante cuánto tiempo?

Profundiza y juega

La sanidad es uno de los servicios más necesarios para la sociedad.

Una lechuga es un bien perecedero.

Un automóvil puede ser un bien de consumo o de producción; esto depende de su uso.

3. Los bienes y servicios

Las empresas generan productos y los ofrecen a los demandantes en el mercado a cambio de un precio. Los productos se dividen en:

- Bienes tangibles; por ejemplo, una televisión.
- Servicios o bienes intangibles; por ejemplo, el servicio prestado por una academia de inglés.

Clasificación de los bienes		
Según su función	**De consumo:** satisfacen directamente una necesidad.	Duraderos: para un uso repetido; por ejemplo, un frigorífico.
		Perecederos: para un único uso; por ejemplo, la mantequilla.
	De producción: para utilizarlos en una actividad comercial; por ejemplo, el móvil de una empresa.	
Según quién los proporciona	**Privados:** el dueño es un particular; por ejemplo, una tienda de juguetes.	
	Públicos: el dueño es el Estado; por ejemplo, un colegio.	
Clasificación de los servicios		
Según su función	**De consumo:** satisfacen una necesidad; por ejemplo, una consulta médica.	
	De producción: sirven para generar otros bienes o servicios; por ejemplo, formación para el uso de maquinaria industrial.	
Según quién los proporciona	**Privados:** el dueño es un particular; por ejemplo, un despacho de abogados.	
	Públicos: el dueño es el Estado; por ejemplo, una oficina del consumidor.	

Todos los bienes y servicios se pueden clasificar atendiendo a varios criterios. Así pues, unas gafas son un bien de consumo, duradero y privado; una asesoría contable es un servicio de consumo si aconseja a una familia o de producción si asesora a una empresa, y es un servicio privado.

GIMNASIA EMPRENDEDORA

¿Los sabes clasificar? ¿Sois los más rápidos?

Esta actividad tiene dos partes:

1. Formad grupos de cuatro personas para elaborar una lista de diez bienes y servicios. Disponéis de un minuto por cada bien o servicio; cuando acabe el tiempo, debéis dejar de escribir. Entregaréis vuestras listas al profesor, que comprobará que todas tienen diez productos; sino es así, se completarán entre todos. Los que lo hayan conseguido, dispondrán de cuatro minutos extras en la segunda parte.
2. Debéis clasificar los bienes y servicios de la lista de los compañeros en quince minutos. El grupo que tenga tiempo extra, podrá comenzar cuatro minutos antes.

Ganará el grupo que clasifique más bienes y servicios en menos tiempo.

4. El diseño de un producto

Una vez que finaliza el proceso de producción debemos considerar los siguientes elementos: el envase, el embalaje, el etiquetado y la marca del producto.

Todos estos elementos son básicos para comercializar el producto y su seña de identidad frente al cliente y los competidores.

Envase

- Contiene y protege el producto.
- Mejora su distribución y venta.
- Debe cautivar al cliente.
- Facilita un uso adecuado.
- Es la imagen del producto y de la empresa.
- Tiene que ser innovador e ir adaptándose a los cambios.

Embalaje

- Es la agrupación de los envases para facilitar la distribución y el almacenamiento de los bienes.
- Disminuye los costes de producción.

Etiqueta

- Informa sobre las características del producto (fecha de caducidad, contenido nutricional, teléfono de atención al cliente, etc.).
- Contiene las instrucciones de uso.
- Identifica la marca de la empresa.
- Debe ser creativa, atractiva y adecuarse a los cambios.

Existe una normativa legal sobre la información que debe contener el etiquetado, que tienen que cumplir todas las empresas.

Marca

- Identifica el nombre del producto frente al consumidor y el competidor.
- Proporciona la imagen de la empresa.
- Tiene que transmitir emociones.
- Puede ir acompañada de un símbolo o logotipo.
- Debe adecuarse a las características del país donde se vende el producto.
- Es necesario que se adapte a los cambios en el mercado.

La marca es exclusiva de cada empresa; solo ella puede utilizarla. Por esta razón, debe estar inscrita en la Oficina Española de Patentes y Marcas.

Vocabulario emprendedor

Packaging: embalaje de un bien. Cumple la función de contener, proteger, conservar, vender e informar sobre el producto.

14 ¿Qué elemento consideras más importante: el envase, el embalaje, la etiqueta o la marca?

15 Pon cuatro ejemplos de marcas de productos que conozcas; busca el logotipo de dos de ellas.

Profundiza y juega

GIMNASIA EMPRENDEDORA

¿De dónde viene mi producto? ¿Cómo debo usarlo? ¿Ha caducado?

Vamos a formar un círculo en la clase. Cada uno debe llevar tres bienes y rellenar una tabla que recoja las características de los bienes del compañero o compañera de la izquierda. (La ropa que llevamos puede ser uno de los bienes.)

	Bien 1	Bien 2	Bien 3
Descripción del envase			
Instrucciones de conservación o uso			
Marca			
Nombre y dirección de la empresa			

Realizaremos una puesta en común con la información recogida.

Todos los elementos del producto conllevan un coste; por eso, la empresa deberá realizar una previsión, en especial, del coste del diseño de la marca, que suele ser el más elevado.

Importante

No podemos olvidar que la garantía debe acompañar al producto. Esta compromete a la empresa con el cliente en el sentido de que el bien o servicio adquirido está en perfectas condiciones de uso en el lugar de venta; de no ser así, durante un tiempo la empresa será la responsable de ofrecer un buen uso del producto al cliente.

5. Ciclo de explotación o producción

El ciclo de explotación o producción comienza cuando los proveedores entregan a la empresa las materias primas, que quedan almacenadas en su almacén. Estas se van incorporando al proceso de producción y transformando en productos de venta final o productos terminados.

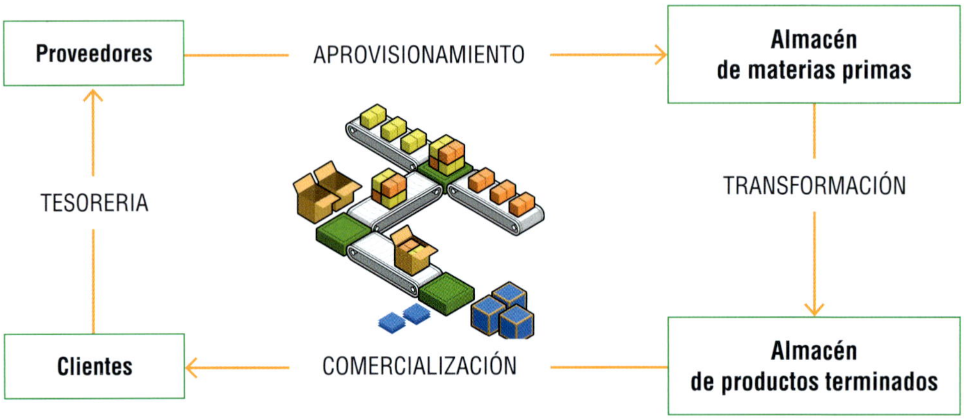

El ciclo de explotación se debe controlar en todo momento y no ha de sufrir ninguna demora.

Los productos terminados se venden a los clientes en los mercados a cambio de un dinero. Con una parte de este dinero, la empresa adquiere más materias primas a los proveedores y comienza otro ciclo de explotación.

Este ciclo completo se produce en una empresa industrial. En una empresa comercial (por ejemplo, un supermercado) no existe proceso de transformación; por lo tanto, el ciclo se acorta: va desde los proveedores al almacén de productos terminados y continúa hasta el final.

En el caso de una empresa de servicios, no existe este ciclo, pues el servicio se presta de forma inmediata.

16 Representa el ciclo de explotación en los siguientes casos:

- Fábrica de coches.
- Papelería.
- Tienda de juguetes.

6. Tipos de procesos de producción

En el mercado existen distintos procesos producción. Los podemos clasificar según estos criterios:

1. Según el destino final del producto:

Para el mercado → La empresa realiza toda su producción igual para todos sus clientes.
Ejemplo: zapatillas deportivas **(a).**

Por encargo → La empresa crea un determinado producto para un cliente.
Ejemplo: la construcción de un mueble a medida **(b).**

a

b

2. Según la diferencia entre los productos:

Por lotes → Se producen grupos de productos iguales.
Ejemplo: una cesta de Navidad **(a).**

Proceso en masa → Cada producto es igual al resto.
Ejemplo: una lavadora **(b).**

Proceso artesanal → Cada producto es distinto al resto.
Ejemplo: un traje a medida **(c).**

a

b

c

3. Según la duración del proceso productivo:

Producción continuada → La producción no se interrumpe, por el alto coste que supondría su reinicio. Ejemplo: una refinería de petróleo **(a).**
Producción no continuada → La actividad puede detenerse sin que eso suponga un elevado coste a la empresa. Ejemplo: un supermercado **(b).**

a

b

Recuerda que una producción por encargo suele ser artesanal, mientras que una producción para el mercado suele ser en masa.

Así, la fabricación de un violín por encargo es una producción artesanal; del mismo modo, la producción de una marca de coche es para el mercado y en masa.

Interactúa con el sistema

¿A qué persona o institución de tu localidad puedes invitar a clase para que explique los distintos procesos de producción?

17 Pon cinco ejemplos de procesos productivos de cada uno de los tres criterios de clasificación.

18 ¿Por qué están relacionados estos procesos de producción?

- Por encargo y artesanal.
- Para el mercado y en masa.

Profundiza y juega

GIMNASIA EMPRENDEDORA

¿Soy inventor? ¿Soy creativo? ¿Soy innovador?

Ha llegado el momento de demostrar lo que sabes.

Imagina que te encargan el diseño y la producción de una chaqueta muy especial.

Esta chaqueta tiene una serie de características:

- Se adapta al cuerpo como si fuera la piel.
- Su temperatura se va adaptando a las necesidades de la persona.
- Su tejido es flexible, lo que permite guardarla en pequeños espacios.
- Se presenta en diferentes colores y estampados.
- Se presenta en una caja de tamaño similar a las que se utilizan para guardar zapatos.
- Está pensada para personas que no están en edad de crecimiento.

Lo primero que debes hacer es planificar su proceso productivo, definiendo las entradas o factores de producción que van a intervenir, la fabricación y la venta o comercialización.

No olvides que deberás crear una marca, un envase, una etiqueta y el embalaje de la chaqueta.

Además, tendrás que señalar los mercados en los que se va a vender el producto: tiendas propias o tiendas especializadas en moda actual.

¿Cómo vamos a realizar el trabajo que nos han encargado?

- Cada uno debe señalar tres puntos débiles y tres puntos fuertes en relación con el encargo (este paso no debe durar más de cinco minutos).

¿Qué personas necesitamos?		
Creativas y con ideas atrevidas.		Que sepan buscar información en Internet.
Que dibujen bien.		Que elaboren textos escritos y presentaciones digitales.
Con buena expresión oral.		Con capacidad de liderazgo.

Cada persona clasificará sus cualidades de 1 a 6, siendo 1 su punto más débil y 6 el punto más fuerte.

- Formaremos grupos de ocho personas y dividiremos el trabajo en función de las cualidades mejor valoradas.

  La división de tareas no debe ser fija; ha de ir rotando entre diversas actividades.

- Definimos las tareas que vamos a realizar siguiendo la planificación marcada en la tabla.

	TAREAS	PERSONAS IMPLICADAS
1	Elaborar el proceso de producción: - Entradas: las materias primas, las cualificaciones de los trabajadores y la maquinaria. - Proceso de transformación: hay que describir de forma esquemática en qué consiste el proceso de fabricación de la chaqueta. - Tipo de proceso productivo. - Salidas o comercialización: una vez que la chaqueta está elaborada, señalamos los canales de venta.	Todo el grupo.
2	Crear la marca y el logotipo del producto; es importante que ambos recojan sus características.	Dos o tres personas.
3	Diseñar el envase del producto, que debe ser del tamaño de una caja de zapatos. Podemos diseñar cajas con colores y temáticas distintas.	Dos o tres personas.
4	Crear una etiqueta que recoja las características de la chaqueta, el lugar de fabricación y las instrucciones para doblarla.	Dos o tres personas.
5	Indicar la forma de embalar los productos para su distribución en los distintos puntos de venta. Recuerda que la chaqueta se destina a un público adulto.	Dos o tres personas.
6	Señalar los posibles lugares de venta: tiendas propias, especializadas o Internet.	Todo el grupo.
7	Proponer un precio de venta al público.	Todo el grupo.
8	Revisar todo lo realizado y componer una presentación. Se puede utilizar cualquier dispositivo digital para presentar la propuesta.	Todo el grupo.

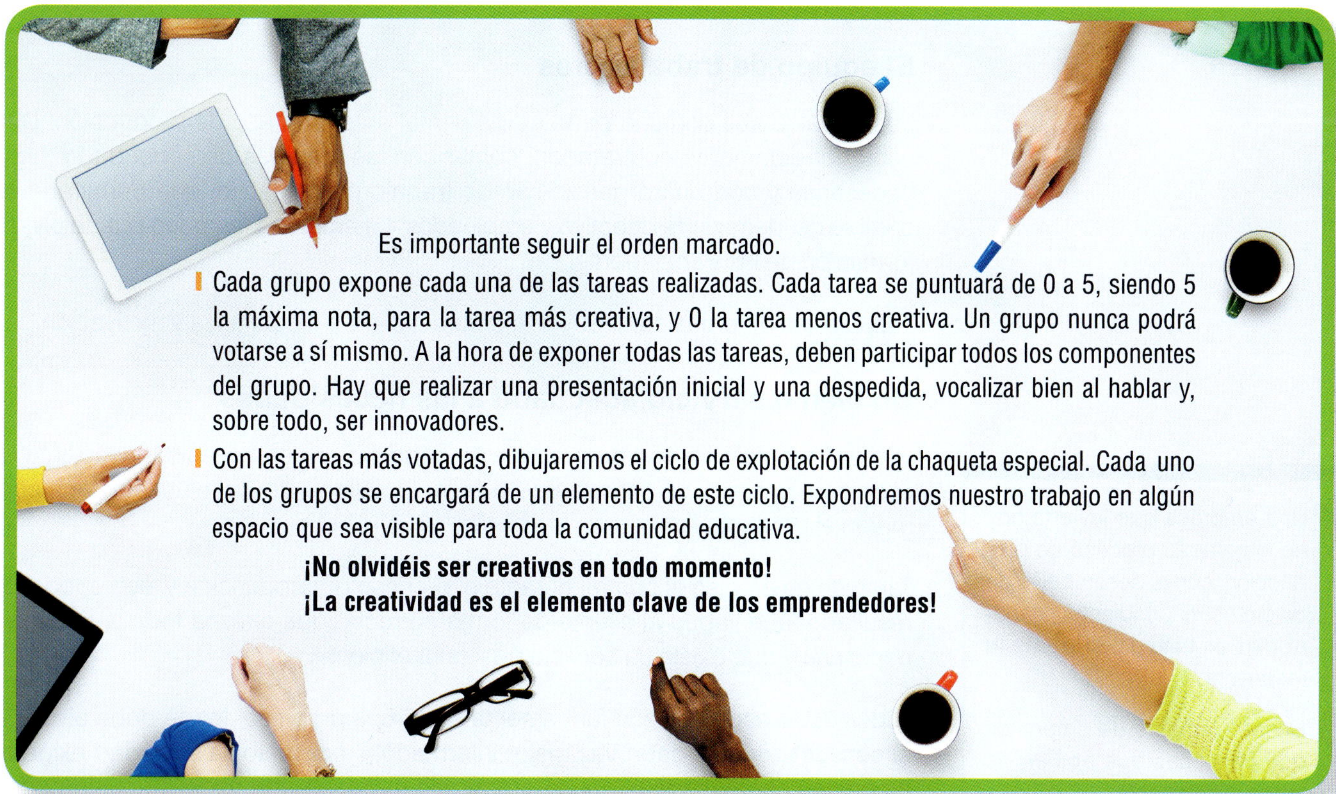

Es importante seguir el orden marcado.

- Cada grupo expone cada una de las tareas realizadas. Cada tarea se puntuará de 0 a 5, siendo 5 la máxima nota, para la tarea más creativa, y 0 la tarea menos creativa. Un grupo nunca podrá votarse a sí mismo. A la hora de exponer todas las tareas, deben participar todos los componentes del grupo. Hay que realizar una presentación inicial y una despedida, vocalizar bien al hablar y, sobre todo, ser innovadores.
- Con las tareas más votadas, dibujaremos el ciclo de explotación de la chaqueta especial. Cada uno de los grupos se encargará de un elemento de este ciclo. Expondremos nuestro trabajo en algún espacio que sea visible para toda la comunidad educativa.

¡No olvidéis ser creativos en todo momento!
¡La creatividad es el elemento clave de los emprendedores!

Profundiza y juega

4 La responsabilidad social de la empresa

Vocabulario emprendedor

Desarrollo sostenible: producción de bienes y servicios que satisfagan las necesidades actuales, sin poner en peligro las necesidades de las generaciones futuras.

A todas las empresas se les pide que el resultado de su proceso de producción satisfaga una necesidad presente en la sociedad. ¿Esto es realmente cierto?

La empresa tiene una responsabilidad social, por lo que debe tener en cuenta una serie de aspectos durante el proceso de producción y en la venta del bien o servicio.

Estos aspectos son la responsabilidad con el medioambiente, un buen equipo de trabajadores y la producción de un bien o servicio adecuado a unas necesidades.

La responsabilidad con el medioambiente

La empresa, en su proceso de producción, genera bienes y servicios necesarios; para ello, precisa consumir recursos naturales que no se reponen en la misma proporción en que se consumen. En muchas ocasiones, esto genera una alta cantidad de residuos, e incluso contaminación del entorno.

Por esta razón, las empresas tienen que ser conscientes del impacto que producen y poner medios para reducir, en la medida de lo posible, su efecto sobre el medio ambiente contribuyendo, así, al desarrollo sostenible.

Hay empresas que no invierten en procesos de producción más eficientes y menos contaminantes; estas empresas, a la larga, irán a ir perdiendo competitividad y posición en el mercado.

Por el contrario, aquellas que invierten en procesos de producción sostenibles con el entorno, tendrán una posición más cercana a la sociedad, lo que les permitirá cumplir su función social.

El equipo de trabajadores

Los trabajadores son una parte fundamental en el proceso de producción. Deben estar correctamente contratados, contar con las medidas de seguridad e higiene necesarias y con una organización de trabajo participativo, que permita el intercambio de ideas entre directivo y empleados. La empresa tampoco puede olvidar la formación de los trabajadores.

Todas estas medidas contribuyen a crear un clima de confianza y motivación.

Un bien o servicio adecuado a las necesidades

El resultado del proceso de producción debe cubrir una necesidad existente en la sociedad; por eso, es importante controlar la calidad de los materiales que conformarán el producto final.

También es preciso el control durante el proceso de producción y, sobre todo, en el resultado: que llegue al cliente de forma correcta, que ofrezca toda la información necesaria y que exista un servicio posventa eficiente.

Todos estos aspectos son fundamentales en una empresa. No se debe olvidar que el consumidor está cada vez mejor informado y, por tanto, la sociedad exige a las empresas cada vez más que lo producido satisfaga una necesidad, sin poner en peligro el desarrollo futuro.

19 Una empresa que invierta hoy en mejorar su proceso de producción, con el desembolso de dinero correspondiente, ¿ganará más en el futuro? Razona tu respuesta.

20 Busca ejemplos de empresas que conozcas que actúen de forma responsable.

1. Otras formas de producir bienes y servicios

Hay empresas que desde que comienzan a existir nos están ofreciendo otras formas de consumir sus productos.

- **Comercio justo.** Según *el Diccionario de Acción Humanitaria y Cooperación al Desarrollo* de Hegoa, es el «tipo de comercio que posibilita el acceso de los productores pobres del Tercer Mundo a los mercados de los países ricos, se basa en unas relaciones de equidad y solidaridad, y se orienta a la reducción de la pobreza».

  Una de las actividades principales del comercio justo consiste en las campañas de sensibilización social y de presión política, tanto en el ámbito local como en el internacional. En este comercio no se recurre al trabajo infantil para la elaboración de sus productos, por ejemplo, juguetes y zapatillas deportivas. Tampoco se utilizan procesos de producción que supongan arriesgar la vida de los trabajadores, como la técnica del chorro de arena en los vaqueros para darles un aspecto desgastado.

- **Productos de kilómetro 0 o de proximidad.** Son productos fabricados en nuestra zona. Con su consumo cuidamos el medioambiente, ya que el recorrido del producto es corto (con lo que se contamina menos), y ayudaremos a las empresas de nuestra localidad.

  Las empresas que destacan en esta iniciativa son las de productos agrícolas y ganaderos. Con este tipo de comercio se está recuperando la tradición de ir al mercado a comprar los productos alimenticios directamente a los productores.

- **Comercio colaborativo.** Según José Picado Carballeira (economía digital.es), es la «asociación de consumidores a través de plataformas tecnológicas para compartir el coste de un mismo servicio».

  Entre las iniciativas de comercio colaborativo, podemos destacar las plataformas creadas para compartir vehículo en trayectos de corta y larga distancia. No obstante, se han prohibido en algunos países debido al efecto que provocan en las empresas que proporcionan este servicio de transporte.

GIMNASIA EMPRENDEDORA

¿Cuántas empresas actúan de forma responsable?

Es la hora de hacer una pequeña investigación para comprobar si los productos que consumes diariamente proceden de empresas que actúan de forma responsable.

Organizaos en parejas para elaborar una lista con diez productos que consumís en vuestra familia.

Hay que señalar de cada producto si la empresa que lo produce es responsable socialmente, citando, al menos, dos iniciativas relacionadas con el medioambiente, con la política con sus trabajadores o con el control de calidad.

¿Te sorprenden los datos que has obtenido?

Al final, haced una puesta en común en el aula.

Para saber más

El *couchsurfing* o (*surfing* de sofá)

Es una forma de comercio colaborativo que consiste en viajar de sofá en sofá, es decir, conocer otros lugares sin pagar alojamiento. Para utilizarlo, hay que entrar en la web www.couchsurfing.org.

En esta página descubrirás que miles de personas ponen a disposición de otras un sofá, una cama, un colchón en el suelo, una habitación e, incluso, casas enteras.

Es importante conocer las opiniones de otros usuarios sobre ese sofá (alojamiento), para evitar sorpresas desagradables.

Vocabulario emprendedor

¿Qué palabra de esta unidad quieres incluir en tu diccionario emprendedor? Explícala con tus palabras.

Aplica y logra

PROYECTO DE UNIDAD: «¿PRACTICAMOS CONVERSACIONES DE ASCENSOR?»

Introducción

A largo de esta unidad hemos puesto de relieve la importancia que tiene llevar a cabo un eficiente proceso de producción, por numerosas razones, si bien la principal es el resultado final: la elaboración de un bien o servicio que satisfaga una necesidad y no comprometa el desarrollo de generaciones futuras.

Proceso

En esta actividad final vamos a aprender a transmitir una idea en muy poco tiempo; para ello, vamos a utilizar la técnica del *elevator pitch (elevator speech* o conversación del ascensor).

Con esta técnica debes vender la chaqueta que hemos trabajado en la unidad. Tienes entre 30 segundos y un minuto para transmitir la idea del producto.

Puedes seguir estos consejos:

- Sé conciso, transmite pocas ideas.
- Despierta la curiosidad, no aburras con datos.
- Transmite emociones; que te brillen los ojos cuando hables.
- Explica el mercado, la idea y el equipo.
- Termina con una invitación a pasar a la acción (da tu tarjeta, concierta una posible reunión, promete el envío de información ampliada...).

Paso 1. Dividimos la clase en grupos (de cuatro personas, como máximo).

Paso 2. Desarrollamos la técnica para dar a conocer la chaqueta.

Paso 3. Recreamos cada una de las conversaciones de ascensor que hemos hecho.

Al final, nos quedaremos con la conversación que mejor transmita las características del producto.

Recomendación

Para que la puesta en común entre los grupos sea enriquecedora, podéis elaborar un video de cada conversación y subirla a un blog, de forma que toda la clase comparta los videos.

Asimismo, podéis invitar a asociaciones o agrupaciones de empresarios que conozcan esta técnica, para que también participen en la elección.

Incorporad fotos en vuestro blog e intentad ser creativos.

Interioriza

Piensa y anota en tu diario emprendedor qué te gustaría que hicieran las empresas de tu localidad como RSC para mejorar la vida de los habitantes y su entorno. Explica dos situaciones de esta semana en las que vas a poner en práctica las habilidades y actitudes aprendidas.

Comparte y ayuda

¿Qué le dirías a los compañeros del año próximo cuando trabajen esta unidad? ¿Qué ha sido lo más importante para ti?

7 El *marketing* y la publicidad

1. Las estrategias de venta: las «5 p» del *marketing*
2. Las estrategias para establecer los precios
3. Las herramientas de comunicación

Cita emprendedora

«Tu vida es la obra de tus pensamientos.»

PATRICK DEVLYN

En la sociedad actual tienen una gran importancia la imagen y el lenguaje publicitarios. Las marcas analizan el comportamiento humano para captar el interés del cliente y potenciar el consumo.

La publicidad no solo está en la televisión, la radio, la prensa o Internet, pues forma parte del paisaje de las ciudades, donde se encuentran mensajes publicitarios en diferentes soportes: letreros luminosos, carteles, octavillas o panfletos, bolsas con las marcas de establecimientos, escaparates, transporte público, etc.

Antes de comenzar

Es apetecible, pero… ¿se puede comer?

¿Sabías que la mayor parte de la comida que aparece en publicidad no es comestible?

Las campañas de publicidad y *marketing* de televisión en las que se anuncian productos del sector de la restauración o de la alimentación se basan en la utilización de alimentos que no son reales. Si prestamos un poco de atención, podemos observar cómo el tamaño aparece deformado (siempre es mucho mayor) y los alimentos tienen una apariencia jugosa y apetecible.

En esta ocasión, la utilización de estos alimentos falsos no se realiza con el objetivo de maquillar la realidad, sino por una cuestión meramente práctica y de funcionalidad. La utilización de los focos y las altas temperaturas existentes en los estudios de grabación, el tiempo que se necesita para realizar la grabación de los anuncios (hay que realizar tomas diferentes y desde distintos planos) son algunos de los aspectos que fundamentan este tipo de decisión.

Uno de los interrogantes que se plantea en la actualidad es la ética dentro del mundo del *marketing*, abogando por una responsabilidad en lo que se transmite a través de los medios.

Hoy en día se empieza a hablar de «publicidad responsable»: la que, además de tener en cuenta el entorno, intenta promover en la audiencia valores y buenas costumbres.

El objetivo es que el consumidor elija los productos en el mercado guiado por una información real y veraz, sin publicidad engañosa o maquillada.

1. Observa varios anuncios publicitarios en televisión sobre restauración o alimentación (una comida, una bebida refrescante, café, helados…) y describe el aspecto físico de los productos.
2. Analiza algunos anuncios que se emiten en televisión y señala cuáles no desarrollan una publicidad responsable. Argumenta tu respuesta.

1 Las estrategias de venta: las «5 p» del *marketing*

Las «5 p» son una estrategia muy utilizada en el *marketing,* que se basa en el análisis de cinco instrumentos básicos que permitirán obtener los resultados esperados: producto, precio, publicidad, plaza y posventa.

1. Producto

Un producto está formado por atributos o características tangibles (forma, tamaño, color, peso, etc.) e intangibles (marca, imagen de la empresa, fama o prestigio, etc.), que el consumidor acepta para satisfacer sus necesidades.

Al hablar de producto, nos referimos tanto a objetos o utensilios como a servicios que puede prestar una empresa. De igual modo, el producto es algo más que el propio objeto en sí, ya que a este se incorporan el envase, la tapa, el envoltorio, la presentación, etc. En algunas ocasiones, la imagen del producto determina su adquisición por parte de los clientes.

A continuación destacamos algunas características significativas de un producto:

- **Núcleo.** La composición y las propiedades técnicas del producto, que determinan sus funciones y usos.
- **Calidad.** La valoración de las propiedades técnicas, físicas o químicas del producto, es decir, de los elementos que componen el núcleo. Aunque existen organismos que califican o etiquetan a determinadas empresas y productos con sellos de calidad, la valoración final corresponde al consumidor cuando prueba el producto.
- **Precio.** El precio de venta o valor último de adquisición. El precio desempeña una importante función en *marketing* y se utilizan diferentes estrategias para fijar el precio de un determinado producto o servicio.
- **Envase.** Los diferentes elementos que protegen al producto, de un gran valor promocional y de imagen.
- **Diseño.** La forma y el tamaño. En la mayoría de los casos, estos elementos permiten distinguir un producto de otro.
- **Marca.** Nombre e icono gráfico que facilita la identificación del producto. La función esencial de la marca es hacer que el consumidor diferencie un producto o servicio de otro.
- **Imagen.** La opinión general que se crea en la mente del consumidor según la información que haya recibido (directa o indirectamente) sobre el producto, es decir, sobre su núcleo, calidad, precio, envase, diseño y marca.

3. ¿Qué elementos estudia la estrategia de las «5 p»?
4. ¿Qué es un producto?
5. ¿Qué aspectos favorecen la comercialización de un producto?
6. Cita algunas de las características más significativas que definen a un producto.

2. Precio

¿Quién fija el precio? Un producto cuesta lo que el consumidor esté dispuesto a pagar por él. Por esta razón, el precio no siempre lo determina el vendedor, sino que viene dado por el mercado.

Existen diferentes formas de marcar el precio:

- Según la competencia. El conocimiento del precio que un mismo producto posee en otros establecimientos o empresas permite crear una estrategia de venta.
- Según la disposición del cliente a pagar. Es difícil de determinar, pero es el factor más exacto.
- Para cubrir los costes variables. Esta opción no considera a los consumidores ni los costes fijos.
- El punto de equilibrio. Se toma como referencia para saber cuándo existen ganancias y pérdidas.

3. Publicidad y promoción

Se trata de las diferentes estrategias que se usan para dar a conocer el producto: sus cualidades, los beneficios que proporciona, etc. Con este fin, se han de emplear técnicas que favorezcan que el recuerdo de la marca permanezca en la memoria de los clientes potenciales.

Toda campaña de promoción nace con tres objetivos:

- Presentar y dar a conocer el producto o servicio, así como sus características, forma y ventajas.
- Incrementar las ventas o introducirlo con éxito en el mercado.
- Favorecer el recuerdo de la marca y los productos en la mente de los consumidores.

Una vez que se hayan establecido el objetivo y el mensaje que se va a transmitir, se deben seleccionar los medios publicitarios que pueden causar más impacto en los clientes potenciales.

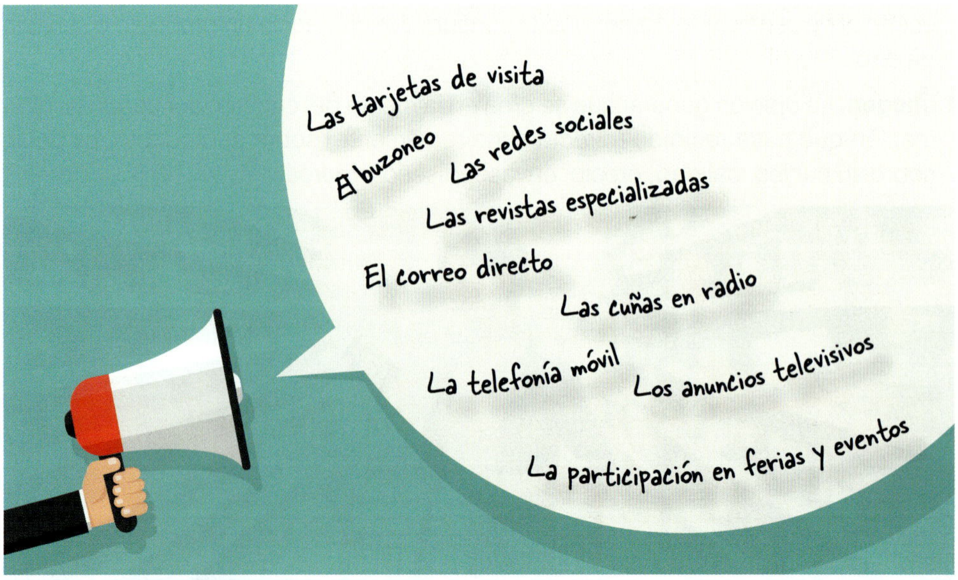

Los medios publicitarios.

7. ¿Cómo podemos establecer el precio de un producto?
8. ¿Cuáles son los objetivos más significativos de una campaña de *marketing* o publicidad?
9. Enumera algunos medios que se pueden utilizar para promocionar un producto.

4. Plaza

En la estrategia de las «5 p» del *marketing,* el término plaza hace referencia al lugar donde se vende, a los canales de venta que harán llegar los productos al consumidor final. Para establecer una estrategia adecuada, es muy importante identificar a los clientes potenciales, a qué lugares acuden y cómo compran.

Cada cliente acude al establecimiento que prefiere, al que le resulta más cómodo o al que tiene más cerca: la tienda del barrio, el mercado, la gran superficie o el centro comercial. ¿Dónde te gusta comprar a ti?

Entre los canales de ventas más significativos, destacamos: el establecimiento propio, el punto de venta con comerciante intermediario, los vendedores independientes, las agencias, Internet y las redes sociales, las ferias y eventos comerciales, el catálogo y el *telemarketing.*

También es importante tener en cuenta otros factores como el canal por el cual llegamos a más clientes, el desembolso económico necesario y dónde se puede potenciar mejor la imagen, así como las facilidades o dificultades para introducir el producto.

5. Posventa

Una vez que se ha hecho la venta, debemos preocuparnos por conocer la opinión que los consumidores tienen de nuestro producto: ¿ha satisfecho sus necesidades?, ¿volverán a comprarlo?, ¿qué opinión tienen de nuestro servicio de mantenimiento?, ¿cómo podemos mejorar el producto?, ¿cómo evolucionan los gustos o intereses del consumidor?

Entre las actividades de posventa más significativas, podemos citar:

- Buzón de quejas o sugerencias, y su resolución.
- Instrucciones de uso y recomendaciones.
- Mantenimiento preventivo.
- Servicios de reparación y garantía.

10. ¿Qué significado tiene la palabra plaza en *marketing?*
11. ¿Qué canales de ventas utilizamos más los emprendedores?
12. ¿Qué actividades de posventa destacarías?

2 Las estrategias para establecer los precios

Uno de los grandes interrogantes que se plantean los emprendedores es el precio de venta, porque es uno de uno de los factores que determina que el consumidor adquiera un producto: debe captar la atención del consumidor y despertar en él la necesidad de posesión.

Para fijar el precio es preciso considerar el coste de producción (cuánto cuesta fabricar o crear), el mercado (a cuánto lo vende la competencia), la situación económica general, etc.

El *marketing* ha proporcionado estrategias de fijación de precios que favorecen comercializar diferentes artículos o productos. Entre las más significativas, destacamos las siguientes: estrategias diferenciales, estrategias competitivas, estrategias de precios psicológicos, estrategias de venta de varias líneas de producto y estrategias de productos nuevos.

Vocabulario emprendedor

Consumidor: en el campo de la economía y del *marketing,* es aquella persona que adquiere algún producto o servicio.

1. Estrategias diferenciales

Estas estrategias establecen diferentes precios en función de los consumidores potenciales del producto:

- **Descuentos aleatorios.** Se fijan directamente sobre el precio del producto sin ninguna justificación ni en una época determinada del año (por ejemplo, por la compra de una cuantía elevada del producto).
- **Descuentos periódicos.** Se establecen en momentos concretos del año y con una causa justificada (por ejemplo, la finalización de la temporada). Hablamos, en este caso, de la época de rebajas.
- **Descuentos en segundos mercados.** En ocasiones, la empresa fija un precio diferente en función del nivel socioeconómico del entorno en el que se pretende comercializar un bien (por ejemplo, un producto puede tener una variación importante en su precio según el país en el que se adquiera).

2. Estrategias competitivas

Estas estrategias se basan en el estudio de los precios que establece la competencia para fijar un precio competitivo. Es decir, se trata de seguir la tendencia que han establecido otros establecimientos o empresas que comercializan el mismo producto que nosotros.

No se trata de romper el mercado con precios muy bajos, provocando una competencia desleal, sino de una «co-competencia» o competencia positiva o de colaboración.

En este caso, las empresas de un mismo sector crean una estructura de colaboración, de confianza e, incluso, unen fuerzas para proyectos comunes.

3. Estrategias de precios psicológicos

Consiste en la aplicación de la psicología al *marketing:* en conocer el comportamiento humano, los pensamientos, las actitudes, las emociones y los sentimientos del consumidor. Estas estrategias estudian qué factores de tipo psicológico pueden estimular o favorecer el consumo.

- **Precio habitual.** Se establece el precio que el cliente está acostumbrado a pagar por un producto o servicio.
- **Precio de prestigio.** Se fija un precio elevado con el objeto de representar calidad o prestigio. Se asocia el producto a un sector determinado de la población, la que tiene nivel socioeconómico alto.
- **Precio impar.** Esta estrategia se basa en fijar un precio acabado en una cifra impar (normalmente, en 9), con el objetivo de crear una percepción de precio económico (por ejemplo, 9,99 €). Se suele utilizar en productos de primera necesidad, por lo que se aplica en sectores como la alimentación, la droguería, etc.
- **Precio redondeado.** Se trata de redondear el precio. Es normal encontrar establecimientos que venden sus productos a 1 o 10 €.

4. Estrategias de venta de varias líneas de producto

Se basan en fijar el precio en función de los precios que tienen otros productos. Entre las más significativas, encontramos estas:

- **Líder en pérdidas.** Se pone un precio muy bajo a uno o varios artículos. El balance económico se compensa con la fijación de precios más elevados para otros bienes. Los artículos con precios bajos atraen a los consumidores al punto de venta, donde compran más productos.
- **Precio paquete.** Se establece un precio por la adquisición de varios productos a la vez (por ejemplo, un *pack* de productos ibéricos o la cesta de Navidad) o por la compra de varias unidades de un mismo producto (por ejemplo, tres por el precio de dos). El consumidor percibe que la compra de los productos por lotes resulta más económica.
- **Precio cautivo.** Se caracteriza por fijar un precio económico a un determinado producto, ya que la rentabilidad o ganancia se encuentra en los artículos que lo complementan (por ejemplo, una videoconsola barata, pero con juegos a un precio elevado).
- **Precio único.** Se trata de un único precio para todos los productos que se venden en el establecimiento. Los artículos con menos margen se compensan con los de precio más alto.

Interactúa con el sistema

¿A qué emprendedores o comerciales conoces que puedan acudir al aula y explicar qué tipo de estrategias siguen para fijar los precios? Sería enriquecedor invitar a emprendedores de diferentes sectores productivos o comerciales.

Observa y explora

Importante

Las diferentes estrategias de precios nacen con el objeto de atraer la atención de los consumidores, principalmente, de los nuevos clientes o consumidores. No obstante, también debemos establecer estrategias de precios para mantener la fidelidad de los clientes que ya tenemos.

El precio es un factor decisivo en el proceso de compra.

5. Estrategias de productos nuevos

Cuando intentamos introducir un producto nuevo en el mercado, contamos con dos opciones:

- Establecer un precio alto como garantía de calidad, lo que puede provocar la necesidad de adquirir el producto en los clientes.
- Fijar un precio bajo como estrategia de lanzamiento, con la idea de dar a conocer el producto a un número elevado de personas.

Tipo de estrategia de precios	¿Cómo se establece el precio?	Subtipos
Estrategias diferenciales	En función del grupo de consumidores a los que se dirige el producto.	• Descuentos aleatorios. • Descuentos periódicos. • Descuentos en segundos mercados.
Estrategias competitivas	En función del precio fijado por la competencia.	• Precio de mercado (según la competencia).
Estrategias de precios psicológicos	Analizando el comportamiento de los consumidores, su percepción, sus emociones…	• Precio habitual. • Precio de prestigio. • Precio impar. • Precio redondeado.

GIMNASIA EMPRENDEDORA

Batalla de precios

Vamos a realizar un pequeño trabajo de campo. Durante un par de semanas, recoge del buzón folletos de promoción de supermercados o grandes superficies comerciales.

Una vez que tengas tres o cuatro folletos diferentes, te proponemos las siguientes actividades:

1. Señala las estrategias de precios que percibes en cada uno de los folletos, así como los artículos a los que se asocia una determinada estrategia de precios.
2. ¿Cómo es el tamaño de los números enteros?
3. ¿Cómo es el tamaño de los números decimales?
4. En el caso de las ofertas o rebajas, ¿suele aparecer el precio anterior del producto? ¿Cómo aparece?
5. Comenta el tipo de imágenes que acompañan a los productos.

Una vez que hayas analizado las ofertas o promociones de los supermercados, visita los establecimientos para analizar algunas de estas cuestiones:

- ¿Aparecen identificadas las promociones del folleto? ¿Cómo aparecen?
- ¿Dónde se suelen situar los artículos que están en promoción?
- ¿Qué artículos se colocan junto a los productos que se encuentran en promoción?
- Analiza los precios de otros productos que no aparecen en el folleto, comentando si sus precios son bajos, normales o altos.

3 Las herramientas de comunicación

En los últimos años, se ha generalizado la utilización de Internet y las redes sociales para dar a conocer una empresa o lanzar un producto. Las grandes marcas han percibido que los anuncios en televisión, prensa o radio son menos eficaces que la publicidad segmentada, es decir, la que se dirige a determinados sectores de la población y se basa en el conocimiento de los intereses, aficiones y gustos de cada consumidor. Las redes sociales más aceptadas a nivel mundial (Facebook, Twitter o Linkedin) proporcionan esta información.

Los usuarios de las redes sociales aportan datos personales de gran interés para las empresas, que están interesadas en conocer el comportamiento, los sentimientos, las aficiones y las actitudes de los posibles compradores.

Basándose en el perfil de cada usuario, las empresas pueden dirigir sus campañas de *marketing* a las personas interesadas en comprar sus productos o servicios, es decir, a sus clientes potenciales.

De los diferentes servicios que ofrece Internet, el que más ha crecido ha sido el de las redes sociales. Según los últimos datos, son más de 150 millones los usuarios en Facebook y Twitter, y se extiende con gran fuerza la red profesional LinkedIn. Es interesante saber para qué utilizan los internautas este recurso:

Actividades más significativas en las redes sociales	Usuarios
Contactar con amigos y familiares con los que se habla siempre.	71 %
Contactar con amigos y familiares con los que se habla algunas veces.	65 %
Buscar amigos con los que se perdió contacto.	49 %
Mirar perfiles de otros usuarios.	40 %
Hablar con amigos de los amigos.	35 %
Escuchar música o informarse sobre grupos musicales.	29 %
Hablar con usuarios desconocidos.	17 %
Mirar campañas y acciones políticas.	6 %
Otros usos.	4 %

Datos extraídos de «Social Networking Attitudes», Ofcom, abril 2011.

Estos datos son muy valiosos para las empresas que buscan estrategias para hacer llegar sus anuncios a través de esta herramienta característica de la web 2.0.

13 ¿Qué redes sociales conoces?

14 Investiga sobre cuál de las redes sociales tiene:

- Más usuarios a nivel mundial.
- Más usuarios jóvenes.
- Más usuarios que son empresas o emprendedores.

Profundiza y juega

1. Presencia de las marcas en las redes sociales

Las empresas pueden presentar sus productos o servicios a través de dos vías: construyendo una red social propia o aprovechando las que ya existen.

A través de una red propia

Esta opción es la más compleja, ya que exige ofrecer a los usuarios contenidos atractivos e información relevante para que pasen tiempo en el entorno de la marca. Una red social propia permite a los emprendedores conocer mejor a sus clientes potenciales y generar un mayor control sobre ellos.

A través de las redes sociales más conocidas

El valor más significativo de las redes sociales generales es la cantidad de usuarios que las utilizan para comunicarse e interactuar. Las marcas que eligen esta opción intentan estar presentes en las redes en las que los internautas pasan más tiempo, para que sus anuncios lleguen a un mayor sector de la población.

Las marcas pretenden obtener seguidores en todas las redes sociales; comparten actualizaciones atractivas, promociones y descuentos; y solicitan comentarios y sugerencias que las ayuden a conocer las nuevas tendencias o las innovaciones que deben introducir en sus productos.

Diferentes expertos en *marketing* social afirman que las marcas ya no se anuncian en las redes, sino que se relacionan, comparten y colaboran. Es una nueva forma de hacer publicidad.

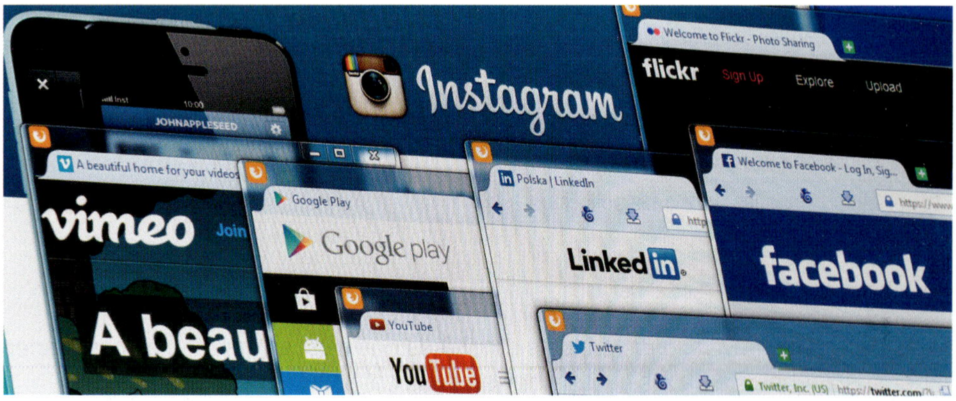

15 ¿Qué ventajas e inconvenientes tiene crear una red social propia como estrategia de *marketing*?

16 ¿Qué hacen las empresas en las redes sociales?

2. Cómo funciona el *marketing* en las redes sociales

Las posibilidades que ofrecen las redes sociales para que los emprendedores den a conocer sus productos a los clientes potenciales son muy variadas. A continuación presentamos algunas de las actuaciones que se realizan en varias redes sociales.

Myspace

Esta red social permite a los emprendedores crear y gestionar sus propias campañas publicitarias. Es una de las redes con mayor número de categorías (supera las 1 000) en las que se reflejan los intereses y las aficiones de sus usuarios: viajes, lecturas, música, comida, etc.

Destaca la posibilidad de integrar la marca en la página, más allá de la simple visualización de la imagen de un producto usando el «asalto a la página principal» («asalto a la *homepage*»). De esta forma, cuando el usuario entra en la red social, queda sorprendido por un pequeño anuncio publicitario.

Facebook

Esta red social ofrece varias opciones interesantes a los emprendedores, aunque solo permite insertar dos anuncios por página como máximo:

- ***Facebook pages.*** Es una de las opciones más utilizada por los emprendedores, ya que se trata de un servicio gratuito y muy fácil de usar. Se trata de que la marca cree un perfil especializado que permita interactuar con sus usuarios.
- ***Social ads.*** Los anuncios hacen posible la participación de los integrantes de la red social, aportando credibilidad a la campaña de *marketing.*
- ***Beacon.*** Esta herramienta informa a los usuarios de las compras que hacen sus amigos en Internet. Es una recomendación indirecta, ya que, en ocasiones, deseamos o nos interesamos por lo que adquieren nuestros seres más queridos, porque sus decisiones nos aportan confianza y seguridad.
- **Aplicaciones.** Facebook permite integrar aplicaciones o *software* para que los usuarios interactúen, con lo que ofrece información enriquecedora a algunas marcas. Un ejemplo es una aplicación que refleje los lugares o monumentos que hemos visitado.
- **Encuestas.** Se trata de un medio rápido y económico para conocer los gustos e intereses de los usuarios, así como su opinión sobre un determinado producto.
- ***Insights.*** Este sistema permite medir el impacto de los recursos anteriormente expuestos; por ejemplo, la interacción de los usuarios en cada una de las campañas.

17 Confecciona un diagrama en el que compares las diferentes actividades de *marketing* que puede realizar un emprendedor en las redes sociales.

Vocabulario emprendedor

¿Qué palabra de esta unidad quieres incluir en tu diccionario emprendedor? Explícala con tus palabras.

3. La campaña publicitaria en una red social

Una campaña publicitaria de impacto en las redes sociales se caracteriza por:

- Tener un objetivo claro: no se trata de usar las redes sociales porque están de moda, sino porque son el medio más adecuado para hacer llegar los productos o servicios a los clientes potenciales.
- Apoyar las necesidades de la comunidad a la que se dirige: suele priorizar los objetivos e intereses de los usuarios respecto a los de la propia marca.
- Impulsar la interacción y la comunicación entre los usuarios.
- Circular por la red social de forma rápida y eficaz.
- Promover que los usuarios expresen sus pensamientos y emociones. No debemos olvidar que, dentro de una red social, la opinión o expresión de la personalidad es uno de los elementos definitorios.
- Ser dinámica: debe cambiar en un margen prudencial de tiempo, respondiendo a las opiniones de los usuarios.

Así pues, queda de manifiesto que las redes sociales pueden hacer muchas aportaciones positivas a las marcas y a los emprendedores. Entre las más significativas, destacamos las que siguen:

- Dan a conocer la empresa a un mayor número de consumidores.
- Crean una imagen humanizada de la empresa.
- Potencian una imagen cercana.
- Fomentan la interacción y la retroalimentación, lo que permite informar sobre los productos y servicios, y mejorarlos atendiendo a los comentarios o las sugerencias de los clientes.
- Permiten conocer mejor a los consumidores (gustos, intereses, aficiones, necesidades, etc.).
- Muestran las estrategias de la competencia y su impacto en nuestros potenciales clientes.
- Ofrecen una ventaja competitiva importante frente a otros negocios o productos.
- Favorecen la innovación y crea una sensibilidad especial hacia el cambio.
- Mejoran la atención al cliente, que se siente escuchado y comprendido.
- Facilitan el ahorro en costes de campañas de *marketing* en otros medios.
- Ofrecen los productos o servicios en el momento (de forma instantánea) en lugares diferentes y a las personas interesadas o consumidores potenciales.

¿Podemos afirmar que las campañas de *marketing* en las redes sociales son rentables? Los resultados obtenidos parecen confirmar este dato: producen un gran impacto a un bajo coste.

Hasta hace poco tiempo, las marcas potenciaban sus campañas en televisión, porque este medio (que tenía grandes audiencias) les permitía llegar a un mayor número de consumidores (aunque no garantizaba que los espectadores fueran clientes potenciales). Con la aparición del *marketing* en las redes sociales, las marcas acceden a más población y tienen mayores garantías de que se reciba su publicidad.

Para saber más

Los costes de las campañas publicitarias son muy variados. Los anuncios generales en rotación por las páginas de una red social (los que no van dirigidos a un sector de la población determinado) pueden costar 0,005 € cada mil unidades, mientras que los denominados sociales (los que incorporan información del perfil y actividad de los usuarios) pueden llegar a costar 0,80 €.

18 Analiza los diferentes elementos que debe tener una campaña de *marketing* en las redes sociales.

4. La publicidad en telefonía móvil

El *marketing* en telefonía móvil es muy reciente, y en los últimos años está creciendo a un ritmo muy rápido.

La innovación en telefonía móvil y el uso de Internet en los teléfonos han facilitado la posibilidad de emitir contenidos publicitarios personalizados y exclusivos.

La difusión de mensajes con objetivos claros a sectores poblacionales segmentados permite campañas publicitarias de mayor impacto y eficacia que las que se hacen con medios convencionales.

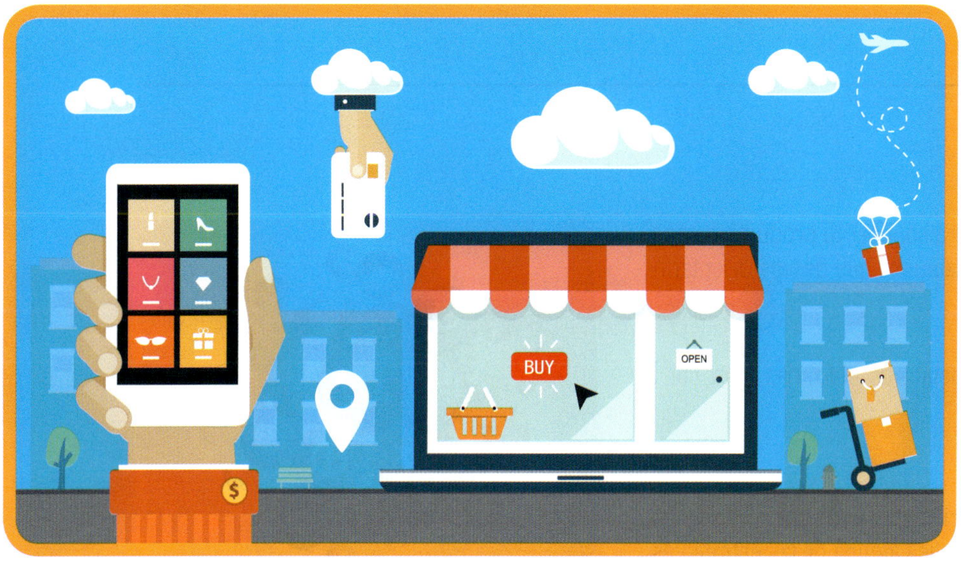

La innovación tecnológica en telefonía móvil ha abierto nuevas posibilidades en el ámbito publicitario.

La inclusión de *software* de lectura de códigos QR (códigos de respuesta rápida) en los teléfonos móviles ha permitido nuevos usos orientados al consumidor.

Recursos publicitarios

Destacamos algunos de los modelos de publicidad más utilizados en telefonía móvil:

- **SMS.** Los mensajes de texto son el sistema que más se emplea y el que más llega al consumidor. Suelen utilizarse para comunicar al consumidor ofertas o promociones.
- **MMS (mensajería multimedia).** Son mensajes acompañados de elementos multimedia que resultan muy atractivos para los clientes.

  En los últimos años ha aumentado su uso debido a las innovaciones técnicas en telefonía móvil y a la evolución de la tecnología digital.
- **Mensaje de voz.** Este recurso se caracteriza por la grabación previa de mensajes para lanzarlos después al consumidor.
- **Contenidos de video.** Es uno de los recursos con más proyección en el mercado. La posibilidad de descargar videos en los teléfonos móviles ha fomentado el aumento de este tipo de soporte publicitario.
- **Juegos.** Se trata de un medio que combina el entretenimiento y la publicidad. Además de dar a conocer la marca, crea fidelidad entre el producto y los clientes.
- **Mensajes WAP.** Son mensajes con texto que incorporan enlaces (*links*), lo que permite al anunciante llevar al usuario a su sitio web.

19 ¿Qué recursos o soportes podemos utilizar para publicitar nuestra empresa a través de telefonía móvil?

Aplica y logra

PROYECTO DE UNIDAD: «MI EMPRESA EN LAS REDES SOCIALES»

Introducción

A lo largo de esta unidad hemos profundizado en *marketing* y publicidad, en las diferentes estrategias que podemos utilizar para hacer llegar a los clientes potenciales nuestros productos y servicios, en las características que debe tener una campaña de impacto y en las fases principales que debemos seguir para introducir un producto en el mercado con éxito.

En esta ocasión, te proponemos que diseñes la campaña de publicidad de un producto o servicio a través de las redes sociales, teniendo en cuenta que conoces las características del producto y el sector de la población al que vas a dirigirte, es decir, los futuros consumidores.

Proceso

Para ello, te proponemos los siguientes pasos.

Paso 1

Selecciona la red social más adecuada para dar a conocer tu producto o servicio, teniendo en cuenta el segmento de la población al que deseas orientarlo.

Paso 2

Cita las herramientas o recursos de la red social que utilizarías para dar a conocer tu producto o servicio.

Paso 3

Crea una cuenta en la red social para promocionar tu producto o servicio, consigue seguidores y clientes potenciales, y aplica alguna de las estrategias de *marketing* que has decidido usar.

Recomendación

Piensa en el número de usuarios que puede visualizar tu campaña publicitaria en las redes sociales.

Interioriza

Describe en tu cuaderno emprendedor cómo te has sentido mientras recibías las aportaciones de los usuarios sobre tus productos o servicios a través de la red social. ¿Crees que podrías mejorarlos con sus sugerencias?

Comparte y ayuda

¿Qué le dirías a los compañeros del año próximo cuando trabajen esta unidad? ¿Qué ha sido lo más importante para ti?

8 La creación de un negocio

1. Los yacimientos de empleo
2. La idea de negocio
3. Los socios del proyecto
4. El capital inicial de la empresa
5. Los primeros pasos
6. El plan de empresa

Cita emprendedora

«Estamos tan apegados a nuestra forma de vida que rechazamos las oportunidades simplemente porque no sabemos qué hacer.»

Paulo Coelho

Tener una buena idea de negocio no es nada fácil. Buscamos algo original, creativo, que tenga una acogida exitosa entre los consumidores, que dé respuesta a una necesidad social…

Son muchos los interrogantes que nos surgen cuando buscamos un producto o servicio que pueda introducirse con éxito en el mercado laboral, explorando los nuevos yacimientos de empleo.

Una vez identificada la idea y antes de ponerla en marcha, debemos diseñar un plan de negocio que determine su posible viabilidad.

Antes de comenzar

¿Sabrías decir un lugar o espacio doméstico en el que comenzaron a desarrollarse grandes empresas?

Sí, es cierto... Los espacios físicos donde iniciaron su desarrollo las grandes empresas parece que tienen un patrón común: todas nacieron en garajes.

Esto quiere decir que, a la hora de dar forma a una idea, no son tan importantes los grandes recursos, los espacios o el poder adquisitivo, sino que prima el talento, el conocimiento, la creatividad y el ingenio.

A continuación te mostramos algunos ejemplos de empresas internacionales de gran éxito en el mercado actual, que iniciaron su actividad comercial en este particular espacio doméstico:

- **Amazón.** La idea empresarial comenzó a desarrollarla Jeff Bezos en su garaje. Desde 1994 inició la venta de libros a través de la Red. Hoy en día, Amazon es líder en comercialización de libros a través de Internet.
- **Apple.** Steve Jobs y Steve Wozniak eran dos jóvenes con grandes inquietudes que iniciaron su actividad comercial fabricando 30 ordenadores en el garaje del padre de Steve Jobs.
- **Disney.** En el taller de su tío, los hermanos Walt y Roy Disney rodaron las primeras escenas de *Alicia en el país de las maravillas.*
- **Google.** Dos estudiantes de Stanford (Larry Page y Sergey Brin) crearon la página web más visitada de Internet en el garage de una amiga.

Solo nos queda preguntarte... ¿dispones de un garaje?

Un garaje, un trastero, una habitación vacía... La creatividad se adapta a cualquier espacio.

1. Después de haber leído cómo nacieron algunas grandes empresas, ¿qué consideras más importante, tener grandes recursos o grandes ideas? Razona tu respuesta.
2. Busca en la Red a otros emprendedores o ideas de negocio que nacieron de la nada, sin grandes recursos.

Desea y pregunta

1 Los yacimientos de empleo

Para que una idea de negocio tenga éxito en el mercado laboral, debe relacionarse con alguno de los nuevos yacimientos de empleo o filones de ocupación.

¿Qué son los nuevos yacimientos de empleo? Esta denominación está de moda en el mundo empresarial y hace referencia a aquellas actividades comerciales que satisfacen las necesidades de la sociedad actual. Estas nuevas actividades se caracterizan por:

- Cubrir necesidades sociales insatisfechas.
- Desarrollarse en mercados incompletos.
- Poseer un ámbito de producción definido.
- Ofrecer un alto potencial de generación de empleo.

Los últimos informes sobre nuevos yacimientos de empleo los clasifican en cuatro bloques o ámbitos:

1. Los servicios de la vida diaria

- Los servicios a domicilio.
- El cuidado de los niños y de personas en situación de dependencia.
- Las TIC.
- La ayuda a los jóvenes en dificultad y la inserción.

2. Los servicios de mejora de la calidad de vida

- La mejora de la vivienda.
- La seguridad.
- Los establecimientos especializados en transporte limpio (bicicletas, patines, monopatines…).
- Los comercios de proximidad.

3. Los servicios culturales y de ocio

- El turismo.
- El sector audiovisual.
- La valorización del patrimonio cultural.
- El desarrollo cultural local.
- El deporte.

4. Los servicios de medioambiente

- La gestión de los residuos.
- La protección y el mantenimiento de las zonas naturales.
- El control de la contaminación.
- El control de la energía.
- Las energías renovables.

Interactúa con el sistema

¿A qué emprendedores de tu entorno conoces que tengan ideas de negocio que respondan a un nuevo yacimiento de empleo? Sería enriquecedor invitar a alguno de ellos a la clase para que os cuente por qué tomó la decisión de poner en marcha su idea empresarial.

2 La idea de negocio

Una de las mayores dificultades a la hora de emprender un proyecto es encontrar una buena idea de negocio. Es decir, identificar una oportunidad de introducir en el mercado un determinado producto o servicio que responda a una necesidad social y que sea aceptado con éxito por los consumidores potenciales.

Durante los primeros días, concretamos la idea, nos imaginamos nuestro proyecto, lo describimos y analizamos sus ventajas e inconvenientes, imaginamos las posibles dificultades y obstáculos que podemos encontrar, etc.

Podríamos afirmar, por lo tanto, que la idea de negocio es la imagen mental de nuestra futura empresa, las primeras nociones o percepciones que tenemos de ella, presentando como características más significativas la identificación de una necesidad insatisfecha y la creación de un producto o servicio que dé respuesta a dicha necesidad, y a cambio del cual deseamos obtener un beneficio económico.

La idea de negocio es nuestro punto de partida, la semilla de un gran proyecto, la brújula que indica el camino que debemos seguir.

1. La búsqueda de una idea innovadora

Pero… ¿cómo surgen las ideas de negocio? ¿Cómo buscamos una idea innovadora y viable en el mercado actual? A continuación te proponemos algunas estrategias que pueden ser útiles para buscar y encontrar oportunidades en la generación de ideas.

Necesidades no cubiertas

Se trata de observar a nuestro alrededor, de analizar nuestro entorno más cercano y detectar necesidades que no están cubiertas o, incluso, generar otras nuevas.

Importante

Aunque, a veces, las ideas surgen como fruto de la inspiración o del ingenio, en la mayor parte de las ocasiones el proyecto es fruto de un análisis del mercado en el que se buscan necesidades insatisfechas en la sociedad y en los consumidores.

Tendencias o modas

Nos referimos a crear una referencia en un determinado colectivo de la población, provocando una nueva necesidad o estilo. Por ejemplo, podríamos citar a los diseñadores y fabricantes de ropa deportiva, que comenzaron a crear campañas de *marketing* para que este tipo de ropa se utilizase de forma habitual, no solo cuando se practicara algún deporte.

El emprendedor baraja varias ideas, hasta que da con la adecuada.

Aficiones

Las aficiones suelen ser fuente de inspiración de muchas ideas empresariales. En estos casos, la especialización en un determinado campo que nos apasiona puede hacernos ver un nicho de empleo.

Cambios en la normativa legal

Los cambios legislativos pueden propiciar el surgimiento de nuevas oportunidades: la prevención en riesgos laborales, la normativa sobre control de calidad, las medidas contra la contaminación, las certificaciones de eficiencia energética, etc.

Deficiencias ajenas

Hablamos de detectar las debilidades de la competencia, de crear nuevos productos o servicios que cubran las necesidades que han dejado escapar las empresas de nuestro entorno.

Factores de cambio demográfico y social

Estar atentos a lo que ocurre en nuestra sociedad es fundamental para que nuestra idea empresarial se introduzca con éxito en el mercado. Citamos dos ejemplos:

- En los últimos años, la llegada de inmigrantes a nuestro país ha generado la aparición de tiendas enfocadas a este sector de la población (alimentación, ropa, etc.).
- El cambio entre los jóvenes en los modos de comunicarse y relacionarse ha facilitado la aparición de empresas especializadas en la búsqueda de pareja.

Bibliografía sobre temas empresariales

Los manuales sobre proyectos empresariales y su materialización pueden contribuir a definir nuestra idea. La prensa especializada nos ayuda a entender el mercado laboral, así como las dificultades y obstáculos con los que nos podemos encontrar.

Organizaciones de apoyo a emprendedores

Los técnicos de instituciones y organismos especializados en el asesoramiento a emprendedores nos orientarán para definir o perfilar nuestra idea de negocio, para ponerla en marcha, para buscar financiación o conocer las ayudas que podemos solicitar, etc.

3. Realiza un esquema con las diferentes ideas que pueden conducir a crear o generar una empresa.
4. ¿Qué estrategia consideras más importante o podría tener un mayor impacto en la creción de empleo?
5. Observa tu entorno más cercano y analiza las necesidades de diferentes sectores de la población (bebés, niños pequeños, adultos) en materia de ocio, alimentación, higiene…
6. ¿Tienes alguna idea (producto o servicio) para dar respuesta a las necesidades que has percibido en tu entorno?

¿Cómo puedo conseguir una idea innovadora? Observa, reflexiona, lee y mantén los ojos abiertos.

Desea y pregunta

2. Las características de la idea

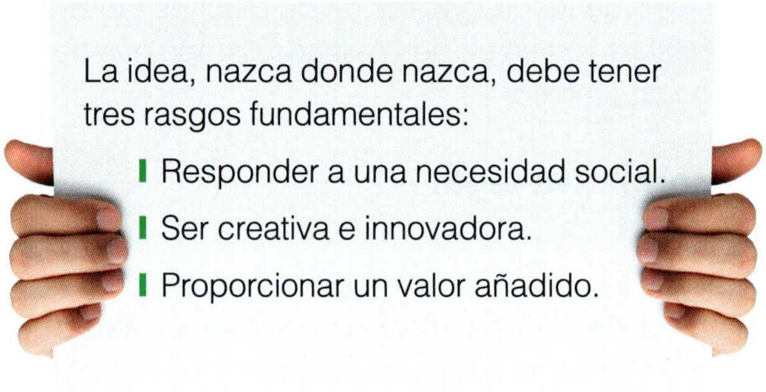

La idea, nazca donde nazca, debe tener tres rasgos fundamentales:

- Responder a una necesidad social.
- Ser creativa e innovadora.
- Proporcionar un valor añadido.

Una vez que hayas descrito la idea de negocio, debes preguntarte lo siguiente:

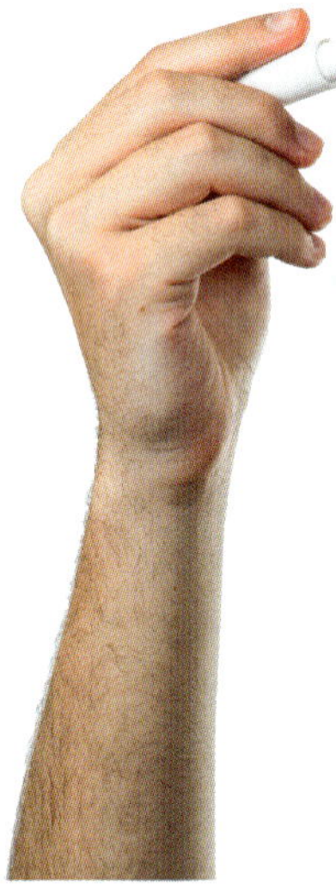

- [x] ¿Es una idea realista?
- [x] ¿Qué necesidad de tus clientes atenderás?
- [ ] ¿Qué valor añadido ofrece?
- [ ] ¿Es viable?
- [ ] ¿Qué recursos necesitas para ponerla en marcha?
- [ ] ¿Qué producto o servicio venderás?
- [ ] ¿Desarrollarás la idea solo o acompañado de otros socios?
- [ ] ¿A quién le venderás?
- [ ] ¿Cómo venderás tus productos o servicios?
- [ ] ¿Cómo os beneficiaréis tus socios y tú?

Nos gustaría finalizar este apartado afirmando que tener una buena idea no es sinónimo de alcanzar el éxito. Los emprendedores que triunfan son aquellos que aman lo que hacen, gozan con los desafíos, y ponen pasión y entrega en todos sus proyectos. Por eso, la idea siempre debe ir acompañada de una actitud emprendedora.

¿Tienes una actitud emprendedora?

7 ¿Qué características fundamentales debe tener cualquier idea empresarial?

8 ¿Una buena idea de negocio es sinónimo de éxito? Razona tu respuesta.

Observa y explora

3 Los socios del proyecto

Los socios son las personas que dan forma a la idea empresarial y crean un proyecto de negocio.

El socio es la persona que se une a otra para crear, formar y desarrollar algo de forma conjunta. Cuando dos o más socios o socias se unen con un objetivo en común, forman una sociedad.

Aunque su nivel de participación sea diferente (socio trabajador o socio capitalista, por ejemplo), la selección de los socios que nos deben acompañar en un proyecto empresarial es muy importante.

No debemos asociarnos con buenos amigos por el simple hecho de llevarnos bien con ellos, tenemos que buscar personas cuyo perfil y competencias sean idóneos para desarrollar nuestra idea de negocio.

El éxito de nuestro proyecto puede depender de nuestro criterio a la hora de elegir a los socios.

1. La selección de socios

En la actualidad, la mayor riqueza de las empresas es su capital humano, las personas que las integran. Por lo tanto, seleccionar a los socios que nos acompañen en nuestra aventura es una gran decisión. Entre algunos de los interrogantes que nos podríamos plantear, podríamos destacar estos: ¿esta persona tiene una actitud emprendedora? ¿Qué conocimiento posee del sector? ¿Se complementan nuestras capacidades? ¿Tiene experiencia laboral? ¿Posee una red de contactos? ¿Tiene solvencia económica para aportar el capital inicial que necesitamos? ¿Sabe trabajar en equipo? ¿Cuenta con capacidad de liderazgo?

A continuación, destacamos algunos aspectos básicos para la selección de los socios.

Compartir objetivos y visión del proyecto

Es fundamental saber si todos los socios poseen la misma visión y las mismas expectativas de la idea empresarial. Es importante analizar y llegar a acuerdos sobre varios aspectos: los objetivos de la empresa, cómo se va a desarrollar la idea, cuál será el calendario más adecuado para su puesta en marcha, cómo se involucrará cada socio en el proyecto (es decir, las funciones de cada uno), qué resultados se esperan o qué sucederá tanto si va bien, como si va mal.

9. ¿Quiénes son los socios o promotores de una empresa?
10. ¿Es buena idea que selecciones a un amigo como socio de tu proyecto?
11. ¿Qué diferencia existe entre el socio trabajador y el socio capitalista?

Observa y explora

Vocabulario emprendedor

Socios complementarios: personas con perfiles o habilidades diferentes, pero que suman al proyecto empresarial, de forma que las debilidades de un socio se complementan con las fortalezas de otro.

El organigrama muestra cuál es la función de cada socio en la empresa.

12 ¿Qué aspectos deberíamos tener en cuenta para seleccionar a nuestros socios? Ordénalos según la importancia o prioridad que consideres conveniente.

Compartir valores

La ética de la empresa estará determinada por los valores e ideales de cada de uno de los socios; por eso, es importante seleccionar a personas que compartan tus mismos valores.

El sistema de valores es muy amplio e, incluso, se desarrolla a diferente escala: responsabilidad, entrega, compromiso, capacidad de afrontar riesgos, etc.

Un proyecto empresarial reúne a gente muy diversa, pero con objetivos y valores comunes.

Ser complementarios

La búsqueda de personas complementarias no es lo mismo que seleccionar a personas iguales o con el mismo perfil. Se trata de buscar perfiles que se complementen, de modo que las debilidades de uno se puedan suplir por las fortalezas de otro. Los equipos de emprendedores se deben caracterizar por su complementariedad.

La idea de asociarse está vinculada a la idea de equipo, es decir, cada uno ha de ofrecer lo mejor de sí mismo para obtener los mejores resultados.

Definir responsabilidades y funciones

Antes de poner en marcha la idea empresarial, es necesario establecer y definir las responsabilidades y funciones de cada uno de los socios. Aunque todos ellos compartan los mismos objetivos, quizá las tareas que deban asumir sean diferentes.

Las responsabilidades y funciones se suelen definir en la organización de la empresa, que se representa a través del organigrama.

Establecer confianza

Un valor fundamental en el desarrollo y la gestión de la idea de negocio es la confianza. La relación de confianza es diferente a la relación de amistad; consiste en tener la tranquilidad de que todos los socios realizan sus funciones y asumen sus responsabilidades; la seguridad en el trabajo y en las tareas que desempeñan, y a la creencia en sus capacidades y destrezas.

2. La función de los socios

Una vez que hemos seleccionado a las personas que nos acompañarán en la aventura de emprender, debemos decidir la participación de cada una de ellas y su nivel de responsabilidad.

Participación

Los socios pueden participar en un proyecto empresarial de dos formas:

- **Participación paritaria.** Se basa en la igualdad .Todos los socios tienen los mismos derechos (por ejemplo, un voto cada uno). En el mundo de la empresa, esta participación es propia de las cooperativas.
- **Participación en función de la aportación.** La capacidad de decisión de los socios viene determinada por su aportación al capital inicial. Es decir, a mayor capital aportado, mayor porcentaje de participación y más control sobre las decisiones de la empresa.

En algunas empresas, el poder de decisión de los socios depende del capital aportado.

No obstante, en ambas opciones (tanto en la participación paritaria, como en la participación en función de la aportación) existen fórmulas intermedias.

Responsabilidad

Otra de las decisiones que debemos tomar es el límite de responsabilidad o riesgo que los socios deben correr frente a las posibles deudas generadas por la empresa:

- **Responsabilidad limitada.** La responsabilidad de los socios está determinada por la cuantía económica que han aportado para la constitución de la empresa. En este caso, los socios no responden con sus bienes.
- **Responsabilidad ilimitada.** Los socios estarán obligados a responder a las deudas que se generen con sus bienes.

13 ¿Cómo pueden participar los socios en una empresa?

14 ¿Qué responsabilidades pueden asumir los socios cuando ponen en marcha una idea empresarial?

4 El capital inicial de la empresa

Vocabulario emprendedor

Business angels: también denominados «mecenas de los negocios», son personas que ponen su dinero y su tiempo al servicio de empresas de nueva creación. Es decir, invierten en ideas que están en su fase inicial o experimental. Apuestan por ideas innovadoras, impregnadas de talento e ingenio y que responden a necesidades sociales.

Antes de constituir nuestra empresa, tenemos que prever los gastos iniciales o de inversión, establecer la cuantía que deben aportar los socios para su constitución y, en caso necesario, el préstamo que se solicitará a una entidad bancaria.

Podemos definir el capital inicial como la suma de cantidades que aporta cada socio a la constitución de la empresa, con el fin de hacer frente a los gastos de inversión o a una parte de estos.

El capital inicial también se conoce en el ámbito empresarial como capital social, que es la unión de los recursos económicos de varias personas para obtener un beneficio.

El capital permite que prospere nuestra idea de negocio.

La cuantía del capital inicial viene determinada por el tipo de empresa, el volumen de ventas previsto, la ubicación de la sede e, incluso, el tipo de sociedad que se haya decidido para su constitución.

¿Cómo consigue cada socio el dinero? Normalmente, cada promotor aporta sus ahorros (individuales o familiares) o solicita un préstamo a una entidad bancaria.

En los últimos años, ha aparecido una nueva figura en el sector empresarial, que ayuda a los jóvenes emprendedores a solventar los problemas económicos iniciales: los *business angels.*

A la hora de calcular cuál debe ser nuestro capital inicial, tenemos que considerar que ha de cubrir todos los gatos de creación, *marketing,* apertura y funcionamiento de la empresa hasta que la actividad comercial genere ingresos suficientes como para cubrir los gastos.

No obstante, como ya hemos comentado anteriormente, la mayor cantidad de capital irá dirigida a solventar los gastos de inversión (compra de terrenos o edificios, reformas del local, adquisición de herramientas o equipos, mobiliario, equipos informáticos, etc.).

15 ¿Qué es el capital inicial de una empresa?

16 ¿Cómo se suele obtener el dinero necesario para cubrir los gastos de la inversión inicial?

Los gastos de la inversión se cubren con parte del capital social (recursos propios), más el préstamo solicitado a una entidad bancaria (recursos ajenos). Son muy pocas las empresas que nacen sin la necesidad de contar con apoyos externos (créditos o préstamos).

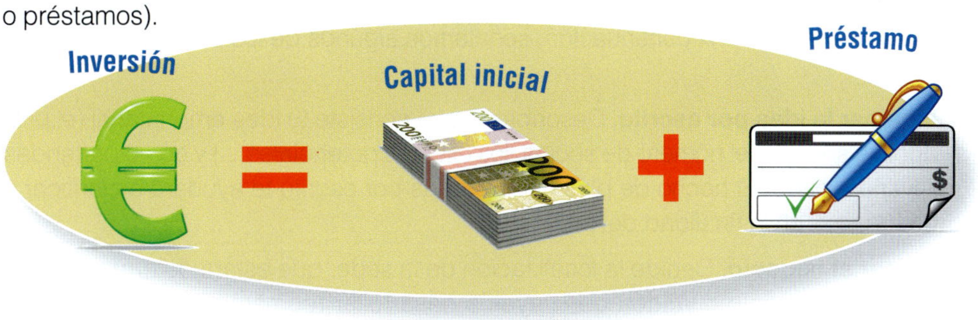

En función del tipo de sociedad que hayamos seleccionado para constituir nuestra empresa, la normativa vigente nos marcará un capital social mínimo e, incluso, en determinadas ocasiones, un capital máximo. Las condiciones que se deben cumplir según el tipo de sociedad son:

TIPO DE SOCIEDAD	CAPITAL MÍNIMO
Empresario individual (autónomo)	No hay.
Sociedad limitada (S. L.)	3 005,06 €
Sociedad limitada (S. L.) Nueva empresa	3 012,00 € 120 202,00 €
Sociedad anónima (S. A.)	60 101,21 €
Sociedad limitada laboral	3 005,06 € (El 51 % del capital social debe pertenecer a socios trabajadores)
Sociedad anónima laboral	60 101,21 € (El 51 % del capital social debe pertenecer a los socios trabajadores)
Sociedad cooperativa	Variable, aunque debe estar fijado en los estatutos.
Comunidades de bienes	No exige un capital mínimo.

GIMNASIA EMPRENDEDORA

La búsqueda de ideas exitosas

Observa las empresas creadas en tu barrio o entorno más cercano y detecta las que, a tu juicio, son un nuevo yacimiento de empleo.

Te recordamos algunas de las características más significativas que definen a estos filones de ocupación:

- Cubren necesidades sociales insatisfechas.
- Se desarrollan en mercados incompletos.
- Poseen un ámbito de producción definido.
- Ofrecen un alto potencial de generación de empleo.

Elabora un pequeño informe en el que respondas a las siguientes preguntas sobre la empresa que selecciones:

- ¿Cuál es el nombre de la empresa?
- ¿Cómo es su logotipo o anagrama? Incluye una fotografía.
- ¿Cuántos socios forman la empresa?
- ¿Qué servicios o productos ofrece?
- ¿Qué necesidad social cubre?
- ¿Qué características tienen sus clientes? (Poder adquisitivo, nivel sociocultural, etc.)
- ¿Cuál es el ámbito de producción de la empresa?
- ¿Cómo es el rótulo de la empresa? ¿Tiene escaparate? Incluye una fotografía.
- ¿Dónde está la empresa? Describe su ubicación.
- ¿Cómo comercializa su productos o servicios? (Venta directa al público, a través de la Red, por teléfono, etc.)
- ¿Cuántas personas trabajan en la empresa?

5 Los primeros pasos

Una vez que has definido la idea de tu negocio, te preguntarás: Y ahora, ¿qué? ¿Qué etapas debo seguir? A continuación, señalamos algunos de los pasos que hay que dar:

- **Plasmar la idea por escrito.** Describe en qué consiste tu idea empresarial (el producto o servicio, el número de socios, los clientes potenciales...) y cómo pretendes llevarla a cabo. El hecho de plasmar las ideas por escrito te ayudará a clarificar y profundizar en la finalidad del proyecto.
- **Ubicar el negocio.** Decide la localización de la sede, que estará determinada por el tipo de negocio o la idea que vayas a desarrollar (comercio de venta directa, venta por Internet...).
- **Buscar un sitio en el mercado.** Define quién será tu competencia y quiénes te suministrarán las materias primas (proveedores), así como el perfil de las personas que comprarán tus productos (clientes o consumidores potenciales). Calcula la inversión, los gastos iniciales y los posibles ingresos para determinar la viabilidad de la idea de negocio.
- **Estudiar la dimensión del negocio.** Este indicador determinará el volumen de ventas previsto y las expectativas de ingresos. Esta previsión debe ser realista (evitando actitudes pesimistas u optimistas).

Sin los recursos necesarios, no podrás materializar tu idea.

- **Calcular los recursos necesarios.** Investiga sobre los recursos económicos, materiales y humanos que necesitarás para poner en marcha tu idea empresarial.
  - Recursos económicos: capital inicial y préstamo o crédito.
  - Recursos materiales: medios específicos para desarrollar tu actividad comercial (material, maquinaria...).
  - Recursos humanos: perfil de las personas que deseas tener en tu empresa.
- **Reflejar el plan de empresa por escrito.**

Sin duda, los primeros pasos son difíciles. Hay varios factores que deberás tener en cuenta: tu inexperiencia, la excesiva burocracia, las negociaciones con proveedores, los gastos de inversión, el desconocimiento de tu oferta por parte de los consumidores... En este apartado hemos intentado sintetizar los primeros pasos que debes dar para crear y poner en marcha tu idea empresarial.

17. ¿Por qué crees que es positivo plasmar la idea de negocio por escrito?
18. En función de la idea de negocio, necesitarás un local más o menos transitado. Pon ejemplos de ideas de negocio para ambos casos.
19. ¿Qué tipo de recursos necesitas para poner en marcha una idea empresarial?

1. Trámites de constitución

Para crear una empresa, debemos dotarla de una personalidad jurídica propia, es decir, hemos de seleccionar una forma jurídica (sociedad anónima, sociedad limitada...). Para ello, es preciso seguir los siguientes pasos:

- **Certificación negativa del nombre.** Esto se hace para obtener un nombre propio que no coincida con el de otra empresa ya existente. La reserva de la denominación debe realizarla alguno de los socios o promotores del proyecto, teniendo en cuenta que se mantendrá durante un periodo de seis meses (es el plazo disponible para inscribir a la empresa en el registro mercantil de la provincia) y que ese certificado caduca a los tres meses (es el plazo establecido para realizar la escritura pública).
- **Calificación del proyecto de estatutos.** Consiste en valorar si los estatutos que hemos establecido para nuestra idea empresarial se ajustan a la ley de sociedades laboral o a la de cooperativas.
- **Depósito en el banco del capital inicial.** El siguiente paso es ingresar en una entidad bancaria el capital social o inicial establecido en nuestros estatutos, con el que vamos a constituir nuestra idea de negocio. El banco emitirá un certificado o resguardo.
- **Escritura pública de constitución.** Se trata de un documento en el que los socios declaran su voluntad de constituir o crear la sociedad. En este caso, es un notario quien da fe pública de esa escritura.
- **Inscripción en el registro mercantil.** Cualquier consumidor puede acudir al registro mercantil y confirmar que existe la sociedad (y que no es un fraude). Con esta inscripción, nuestra empresa adquiere personalidad jurídica propia.

El emprendedor necesitará asesoramiento profesional para gestionar los trámites de constitución de la empresa.

2. Trámites para la puesta en marcha

Con el objeto de simplificar los pasos que tenemos que dar antes de iniciar nuestra actividad empresarial, hemos creado este gráfico, que sintetiza las fases o trámites que hemos de cumplir:

Trámites con Hacienda	Impuestos de transmisiones patrimoniales	Declaración censal	Obtención del CIF	Alta en el IAE
Trámites en la Seguridad Social	Descripción de la empresa y cobertura de riesgos	Afiliación y alta del trabajador	Cotizaciones e ingresos de cuotas	Libro de visitas
Otros trámites	Licencia municipal de obra	Licencia de apertura	Cambio de titularidad de un negocio	Libros de reclamaciones

20 ¿Qué objetivo se persigue con la certificación negativa del nombre?

21 ¿Dónde debemos depositar el dinero del capital inicial de la empresa? ¿Por qué? Justifica tu respuesta.

22 Busca en la Red qué es el CIF de una empresa.

23 Busca en Internet el significado de IAE.

24 Visita organismos oficiales de tu localidad y pregunta qué documentos son necesarios para solicitar una licencia de apertura de un negocio.

Profundiza y juega

6 El plan de empresa

El plan de empresa o plan de negocio es el documento donde el emprendedor desarrolla la idea que pretende poner en marcha y que se constituye en la fase de proyección y evaluación. Su finalidad es valorar si se trata de un proyecto viable desde diferentes puntos de vista.

Los aspectos que se evalúan en un proyecto empresarial son:

- **Viabilidad técnica.** Esta variable nos mostrará si la idea puede desarrollarse. En este caso, se estudia si disponemos de los medios necesarios para realizar las diferentes actividades de nuestra idea empresarial.
- **Viabilidad económica.** Se analizan los resultados económicos esperados, es decir, si se esperan beneficios o pérdidas. En los primeros años, se considera normal que las empresas obtengan escasos beneficios, o incluso algunas pérdidas.
- **Viabilidad financiera.** Se valorarán los recursos económicos externos que nos permitirán poner en marcha la idea de negocio; por ejemplo, si contamos con un préstamo de alguna entidad bancaria que nos ayude a sufragar los gastos iniciales de la actividad comercial.
- **Viabilidad personal.** Se trata de la adecuación del personal de la empresa: socios, trabajadores o técnicos. Hablamos de perfiles que valoren su formación, experiencia y, sobre todo, competencias, habilidades y actitudes personales.

El plan de empresa es, sin lugar a dudas, un esquema de trabajo abierto, dinámico y flexible, ya que debe completarse a medida que se avanza y se va profundizando en el desarrollo de la idea.

El plan de negocio debe manejar todas las variables.

25 ¿Qué es el plan de empresa o plan de negocio?

26 ¿Qué tipo de viabilidades se analizan para evaluar un proyecto empresarial?

Plan de empresa o negocio

Descripción de la idea empresarial

- Actividad.
- Experiencia y objetivos de los promotores.
- Carácter innovador y valor añadido.

Definición del producto o servicio

- Descripción.
- Necesidades que cubre.
- Diferencias con productos de la competencia.
- Plan de producción.

Organización de la empresa

- Número de socios.
- Capital inicial.
- Organigrama.
- Localización.

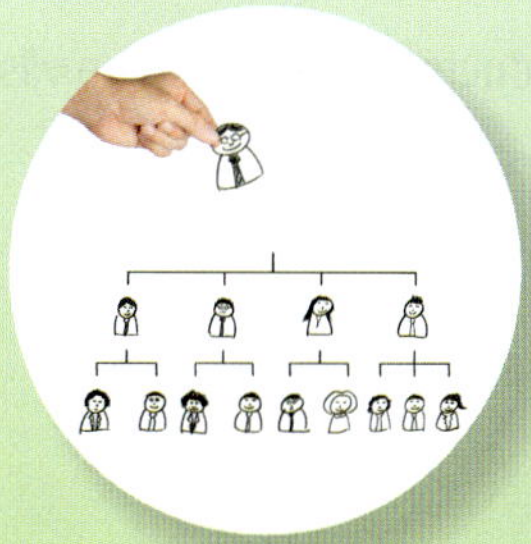

Signos identificativos de la empresa

- Nombre.
- Logotipo o anagrama.
- Página web y cuentas en redes sociales.
- Otros: coche comercial, uniforme de los empleados, etc.

Marketing y publicidad

- Análisis de mercado.
- Análisis DAFO.
- Estrategias de *marketing*.
- Proveedores y clientes.
- Estrategias para establecer precios.

Estudio económico y financiero

- Recursos necesarios.
- Fuentes de financiación.
- Presupuesto de tesorería.
- Previsión de ingresos, gastos y beneficios.

Vocabulario emprendedor

¿Qué palabra de esta unidad quieres incluir en tu diccionario emprendedor? Explícala con tus palabras.

Aplica y logra

PROYECTO DE UNIDAD: «ESTA ES MI EMPRESA»

Introducción

Hemos estado profundizando en el mundo empresarial: las ideas innovadoras, el mercado, los productos y servicios... En esta ocasión, te proponemos que diseñes tu propio plan de empresa, teniendo en cuenta todos los aprendizajes adquiridos.

Sin lugar a dudas, cuando decidimos crear una empresa, debemos tener en cuenta su planificación global: establecer objetivos a corto, medio y largo plazo; analizar el mercado actual; identificar a nuestros consumidores potenciales; definir nuestros principios e ideales y nuestra ética empresarial..., así como valorar los riesgos y las dificultades que pueden surgir.

Proceso

Recoge tu plan de negocio en un documento y prepárate para exponer su contenido a futuros clientes o inversores.

Paso 1

Describe tu idea empresarial, así como los productos y servicios que vas a ofrecer a tus clientes potenciales.

Paso 2

Explica cómo sería la empresa y su funcionamiento:

- Los socios y sus funciones.
- La localización.
- La identidad corporativa: imagen de las tiendas, de los empleados, de la marca...
- La forma de dar a conocer sus productos y servicios a los clientes.

Paso 3

Presenta un estudio económico y financiero viable:

- Recursos disponibles.
- Financiación necesaria.
- Previsión realista de ingresos y gastos.

Recomendación

Cuida la presentación de tu plan de negocio. Prepara un documento bien estructurado, expresa tus ideas de forma correcta, sé claro y concreto, y recurre a las imágenes, gráficos y videos que necesites.

No dejes que una presentación descuidada arruine lo que podría ser un proyecto especialmente innovador.

Interioriza

Piensa y anota en tu diario emprendedor cómo te has sentido mientras recibías las opiniones sobre tu idea de negocio, las aportaciones que has recibido y cómo podrías mejorar tus ideas con esas sugerencias.

Comparte y ayuda

¿Qué les dirías a tus compañeros del año próximo cuando trabajen esta unidad? ¿Qué ha sido lo más importante que has aprendido?

9 El entorno patrimonial y financiero

1. La inversión en la empresa
2. El mercado financiero
3. El plan de inversión
4. Los productos financieros
5. Otras formas de financiación
6. El análisis del patrimonio empresarial

Cita emprendedora

«¿Cómo puedo invertir si no tengo dinero? ¿Cómo puedo invertir cuando no puedo siquiera pagar mis cuentas?

Mi respuesta es: lo primero que recomiendo es que deje de decir "no puedo hacerlo".»

ROBERT KIYOSAKI

¿Cuánto vale una idea?

¿Todos los proyectos se pueden llevar a cabo?

Hemos estudiado las distintas piezas del puzle emprendedor, pero queda una de las más importantes: la inversión y la financiación. ¿Dónde acudimos para obtener los fondos necesarios para desarrollar la idea empresarial? ¿Existen formas de financiación alternativa?

¡Al final de esta unidad ya serás un emprendedor! ¡Felicidades!

Antes de comenzar

El *mentoring* es un proceso muy presente en nuestras vidas.

Financiación de sabiduría: «Encontrar a un mentor»

No sé si alguno de los lectores recuerda la serie/comedia *Boy Meets World*, que fue traducida aquí como *Yo y el mundo.* En ella se narra la vida de un grupo de chicos que, desde las primeras etapas del instituto hasta que finalizan la universidad, son tutelados por un profesor.

El caso es que el personaje del profesor hace de mentor de ellos y los va guiando por la vida hasta que llega un punto en el que se tienen que mudar y se acaba la serie (algún día tenía que hacerlo). Pero lo que me ha interesado de esta serie es la idea de la relación «mentor-alumno» que tiene Feeny (el profesor) con los estudiantes.

En el mundo profesional, no es raro ver a mentores, siendo estos de dos tipos. Por un lado, están aquellos que cobran por serlo y aquellos que acaban dando lecciones gratis. La verdad es que, salvo alguna excepción, suelo preferir a los segundos. Existen muchas personas junto a las cuales se aprende casi por ósmosis, por estar a su lado. Ya he conocido a varios, personas con las que se intenta pasar cualquier cantidad de tiempo, porque aprendes de ellos.

Personalmente, nunca he tenido a nadie que me acompañara de ese modo durante tanto tiempo. Pero sí he visto que hay muchas personas de las que se puede aprender, así que supongo que no he tenido un mentor, sino muchos. Aparte de que, por mi forma de ser, no sé si sería capaz de tener solo uno; necesito muchos y tomar lo mejor de cada uno.

¿Cómo se consigue un mentor? Según mi experiencia, hablando con la gente, e interesándote por lo que te puedan contar.

Una vez me dieron un consejo bastante bueno: ten en cuenta que a la gente le suele gustar ayudar, que le suele gustar que le pongas en un pedestal, que le gusta ver que lo que saben le sirve o le interesa a otros.

Pregunta a los lectores: ¿cuáles han sido los mejores mentores que han tenido?

Texto adaptado de Javier Navarro: *El Blog Salmón.*

¿Qué es el *mentoring?*

Es una herramienta destinada a desarrollar el potencial de las personas, basada en la transferencia de conocimientos y en el aprendizaje a través de la experiencia.

Una persona de más experiencia (mentor) guía, ayuda, alienta y apoya a otra *(mentee)* a desarrollar todo su potencial para aplicarlo en todas las situaciones de su vida personal y profesional, obteniendo los mejores resultados y alcanzando los objetivos propuestos.

El *mentoring* debe su nombre a la mitología griega. Méntor era un personaje de la *Odisea* de Homero. Méntor era amigo de Ulises. Antes de partir para la guerra, Ulises le pidió a su amigo que se encargara de preparar a su hijo para sucederle como rey. Méntor hizo de padre, maestro, modelo, consejero, etc.

Fuente: Fundación Barrié.

1. ¿Qué es un mentor?
2. ¿Necesitamos en nuestras vidas un mentor o varios? Pon ejemplos cercanos a ti.
3. ¿Qué es el *mentoring?* Explica esta imagen:

4. ¿Cuál es la procedencia de la palabra *mentoring?*

Desea y pregunta

1 La inversión en la empresa

Todas las empresas necesitan adquirir una serie de elementos para su proceso de producción. La compra de esos elementos se denomina inversión. ¿Todas las inversiones son adecuadas? ¿Debe la empresa tener en cuenta el coste de la inversión? ¿Y las posibles ganancias? ¿Y el tiempo de uso y disfrute?

La inversión se puede definir como el gasto realizado en la adquisición de un bien o servicio de duración determinada y del que se espera que genere unos ingresos suficientes para recuperar el dinero invertido.

A la hora de realizar una inversión, debemos tener en cuenta estos elementos:

- El desembolso inicial por la adquisición del bien o servicio.
- La duración de la inversión.
- Las ganancias o cobros.
- Los pagos que puedan surgir durante la vida de la inversión.

Además, hay que tener en cuenta que toda inversión conlleva un riesgo, porque nunca se puede saber de antemano si se recuperará todo lo invertido.

Una inversión puede suponer un éxito o un fracaso. Siempre hay riesgo.

Imagina que eres el dueño de una empresa que vende al público tabletas y decides renovar el mobiliario del local (sillas, estanterías y mesas). Tu inversión será la adquisición del mobiliario y constará de los siguientes elementos:

- El pago por la adquisición del mobiliario.
- La duración aproximada del mobiliario, que te lo indicará el vendedor.
- El nuevo aspecto del local y la visibilidad del producto, que te harán vender más tabletas.
- Los cambios de piezas que necesitará el mobiliario durante su vida útil.

La compra del mobiliario conlleva un riesgo para tu empresa, ya que no sabes si conseguirás vender el número suficiente de tabletas para recuperar el dinero invertido.

1. Tipos de inversión

Una empresa puede realizar diferentes tipos de inversión:

- **Económicas.** Están relacionadas con el proceso de producción y su finalidad es aumentar las ventas; por ejemplo, la adquisición de furgonetas en una empresa de reparto.
- **Financieras.** No tienen una relación directa con el proceso de producción, pues su finalidad es aumentar las ganancias por medio de productos financieros; por ejemplo, la compra de acciones.

Es muy importante analizar el riesgo que implica una inversión; por eso, debemos realizar un estudio previo que detalle el desembolso inicial, los gastos posteriores y las posibles ganancias. Si el beneficio supera el dinero gastado, la inversión será viable. Las empresas disponen de herramientas matemáticas que ayudan a calcular el riesgo y contribuyen a tomar decisiones.

5. Define inversión y pon tres ejemplos. Señala en ellos los elementos de una inversión económica y de una inversión financiera.
6. ¿Qué tipo de inversiones podría realizar el ayuntamiento de la localidad en la que vives?
7. ¿Existe el mismo riesgo en una inversión económica y en una inversión financiera? Razona tu respuesta.

Para saber más

En ocasiones, cuando se contrata un producto financiero los bancos obligan a suscribir algún tipo de seguro. Este es el caso de los préstamos hipotecarios, que precisan la contratación de un seguro multirriesgo y otro de vida.

2 El mercado financiero

Para acometer cualquier inversión, una empresa necesita disponer de recursos monetarios, que pueden proceder de la propia empresa (generados por la actividad comercial), o proporcionados por el mercado financiero.

En el mercado financiero existen:

- **Demandantes o deudores:** aquellos que necesitan recursos financieros.
- **Oferentes o ahorradores:** los que tienen un dinero ahorrado y buscan obtener una rentabilidad o ganancia.

1. La función del banco

El banco es la pieza clave en el mercado financiero: capta el dinero de los ahorradores (ofreciendo una ganancia) y presta el dinero al que lo necesita (cobrando un coste o interés).

Al mercado financiero acuden familias, empresas y organismos públicos, que, según las necesidades, desempeñarán la función de demandantes o de ahorradores:

- Una empresa necesita dinero para abrir un local y acude a un banco, que le ofrece un préstamo (producto financiero). La empresa tendrá que devolver el dinero prestado más un interés.
- Una familia tiene un dinero ahorrado y acude al banco para obtener una rentabilidad o ganancia. La entidad financiera le ofrecerá un depósito a plazo fijo (producto financiero) y, con el tiempo, la familia recibirá el dinero ahorrado más una ganancia.

En ambos ejemplos, el banco es un intermediario financiero, que logra captar el ahorro y cederlo al que lo necesita

2. Las compañías de seguros

Al igual que los bancos, las compañías de seguros son intermediarios financieros que ofrecen productos y servicios financieros muy concretos: los seguros.

Un seguro es un producto financiero por el que el asegurador (la compañía de seguros) se obliga mediante el cobro de una prima (el precio del seguro) a indemnizar el daño producido a otra persona o a satisfacerle un capital, una renta u otras prestaciones convenidas.

La póliza es el documento en el que se recogen las condiciones del contrato de seguro. En esta operación financiera intervienen:

- **El tomador.** La persona o empresa que contrata el seguro y paga la prima.
- **El asegurado.** La persona o bien expuesta al riesgo cubierto por el contrato de seguro.
- **El beneficiario.** La persona o empresa que tiene derecho a recibir la contraprestación convenida en el contrato.

El tomador, asegurado y beneficiario podrían ser la misma persona, o personas diferentes. Los tipos de seguro más habituales son sobre las personas (de vida, de accidentes, de enfermedad y asistencia sanitaria y de decesos) o sobre un bien o el patrimonio de una persona o empresa (de incendio, de robo, multirriesgo del hogar y de vehículos).

---

8. ¿Qué función desempeña el mercado financiero en nuestra sociedad?
9. Señala el demandante, el banco y el oferente en estos casos:
   - Francisco pide prestado al banco 1 300 € para comprarse un coche.
   - Ana deposita la ganancia de la lotería en un depósito de ahorro a quince años.
   - El banco concede un préstamo al ayuntamiento para arreglar un hospital.
   - Un restaurante deposita sus ganancias en un banco al final de la campaña de Navidad.
   - El dueño de una farmacia pide dinero prestado para asistir a un congreso.
10. ¿Por qué el banco es un intermediario financiero?
11. ¿Qué productos financieros conoces?
12. Busca información en Internet (www.finanzasparatodos.es/) y elabora un cuadro con la definición y las características de cada uno de estos seguros: de vida, de accidentes, de enfermedad y asistencia sanitaria, de decesos, de incendio, de robo, multirriesgo del hogar y de vehículos.

3 El plan de inversión

Dentro de una empresa, existe una persona o un equipo que se encarga de administrar los recursos monetarios y que compone el área financiera. Esta área recomienda los productos más adecuados para llevar a cabo las inversiones financieras y económicas. Ambas inversiones necesitan productos financieros muy distintos:

- Para fomentar el ahorro: son productos que permiten invertir el dinero ahorrado con el objeto de incrementarlo.
- Para financiar parte de la actividad empresarial: son los productos que se necesitan para llevar a cabo las inversiones económicas.

El emprendedor deberá buscar un equilibrio entre ambos productos, de modo que quede garantizado el éxito en su actividad empresarial y que el nivel de endeudamiento o ahorro no sea tan elevado que peligre la continuidad de la empresa.

Una empresa planificará su financiación en función de sus inversiones.

1. Productos de ahorro

El ahorro no siempre conlleva una inversión: podemos ahorrar dinero con la intención de guardarlo, pero, si la intención es aumentar el dinero, entonces estamos hablando de una inversión financiera.

Imposiciones o depósitos a plazo fijo

Son el producto de ahorro más habitual: se le entrega al banco el dinero ahorrado por un periodo determinado y, una vez que ha transcurrido el plazo, el banco devuelve la cantidad ahorrada más el interés fijado en el momento de la formalización del producto.

El interés es el precio que el banco paga por el dinero que depositamos en él. Estas son sus características:

- La cantidad viene determinada por la Tasa Anual Equivalente (TAE), que es la suma del interés nominal (precio del dinero), menos los gastos y comisiones que aplica el banco. Esta puede ser fija (siempre el mismo tipo), variable (va cambiando) y mixta (una combinación de las anteriores).
- La fecha de vencimiento, que es el momento en el que retiramos el dinero más los intereses; si los retiramos antes, pagamos una comisión por cancelación anticipada.

Importante

Siempre es conveniente comparar ofertas y fijarse en el interés que vamos a obtener durante todo el plazo del depósito.

Cuentas a la vista remuneradas

El banco paga un interés por el dinero ahorrado, que será superior al de las cuentas corrientes tradicionales. Algunas cuentas ofrecen una rentabilidad similar al depósito a plazo fijo y permiten retirar el dinero en cualquier momento.

13 Clasifica estas fuentes de financiación:

- Los socios aportan más dinero a la empresa debido a la crisis.
- La ampliación del negocio implica pedir un préstamo a nueve años.
- La instalación de la red wifi se paga con los beneficios del año anterior.
- La financiación de cursos de inglés para los empleados se abona así: la mitad, con dinero propio y el resto, con un préstamo a nueve meses.

2. Estructura financiera

La empresa debe buscar un equilibrio entre las inversiones y los recursos monetarios. El emprendedor necesita conocer los distintos tipos de fuentes de financiación y sus respectivos costes para poder planificar las inversiones más adecuadas.

La empresa construye una estructura financiera, en la que se detallan las distintas fuentes de financiación. Estas fuentes se pueden clasificar según:

Su procedencia:

- Financiación interna o autofinanciación: la genera la propia actividad de la empresa.
- Financiación externa: proviene del mercado financiero o del exterior de la empresa.

El tiempo:

- A largo plazo: el plazo de devolución es superior al año. Es una financiación que ofrece estabilidad.
- A corto plazo: el plazo de devolución es inferior al año.

La propiedad de los recursos:

- Propia: los recursos monetarios son propiedad de la empresa.
- Ajena: los recursos monetarios los proporcionan agentes externos.

Es preciso tener en cuenta que toda financiación ajena será externa, pero que no toda financiación interna es propia, ya que los recursos aportados por los propietarios son externos. Observa este ejemplo de la estructura financiera de una empresa:

Fuente de financiación	Tipo	
Préstamo de seis meses	Externa, corto plazo y ajena.	AJENA Elección del producto financiero
Aplazamiento del pago de facturas durante tres meses	Externa, corto plazo y ajena.	
Préstamo por cinco años	Externa, largo plazo y ajena.	
Parte de los beneficios empresariales	Interna, largo plazo y propia.	PROPIA
Aportación dineraria de los socios	Externa, largo plazo y propia.	

Ejemplo. La compra de tres vehículos

Si decidimos comprar tres vehículos, buscaremos la financiación más adecuada: financiación propia procedente de los beneficios del año anterior más un préstamo bancario a dos años.

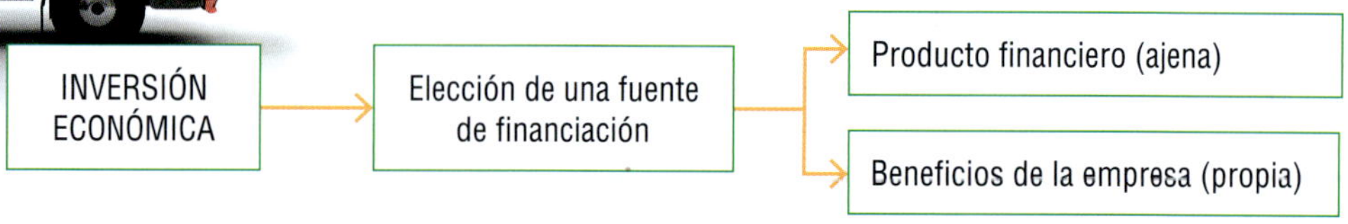

GIMNASIA EMPRENDEDORA

¡Dobla, dobla, rápido, rápido, y busca, busca!

Caso 1. El mejor producto de ahorro

Para realizar esta actividad necesitas un folio en blanco y un compañero o compañera. Doblad el folio en cuatro partes. Escribid en una de ellas: «productos de ahorro».

Buscad en Internet tres tipos de depósitos a plazo fijo a un año. Anotadlos en la segunda parte de la hoja, señalando:

- Tipo de interés: TAE.
- Cuándo liquidan los intereses.
- Comisión de cancelación anticipada.

Duración máxima: siete minutos. ¡No olvidéis poner vuestro nombre!

Caso 2. ¿Qué tipo de financiación piden nuestras empresas?

Entregad los resultados a la pareja de la derecha y tomad el folio de la pareja de la izquierda. Utilizad ahora las dos partes que quedan: anotad en la primera «tipo de financiación» y escribid las formas en que se puede financiar una empresa (sin hacer ninguna consulta). Tenéis cuatro minutos como máximo.

Visitad la página web del Instituto Nacional de Estadística (INE) y seguid esta secuencia: inicio (www.ine.es)/Productos y servicios/Publicaciones/Colección cifras INE/Financiación de empresas (documento PDF). En la parte vacía del folio, escribid los tipos de financiación que suelen darse en nuestras empresas.

Tenéis como máximo siete minutos. Una vez acabado el trabajo, levantad la mano izquierda como señal de finalización y, con la derecha, levantad el folio doblado. ¡No olvidéis poner vuestro nombre!

Escribe los resultados de la primera investigación (depósitos a plazo fijo) en orden decreciente; el primero debe ser el de mayor rentabilidad.

Todas las parejas deberéis coincidir en el resultado de la segunda investigación: el tipo de financiación más habitual en las empresas. Por último, realizad una puesta en común con los datos obtenidos.

La pareja ganadora será la que trabaje más rápidamente, siempre que haya encontrado los tres primeros depósitos y haya acertado en la financiación más habitual en las empresas.

No olvides comparar el tipo de interés en cualquier producto financiero.

Importante

Todos los productos financieros se deben negociar antes de la firma.

Profundiza y juega

Antes de firmar un préstamo, debemos leer la letra pequeña.

Vocabulario emprendedor

Aval: el Banco de España lo define como «forma de garantía que consiste en el compromiso de una persona -avalista- de responder de la obligación contraída por otra -avalado- en caso de incumplimiento por parte de esta».

4 Los productos financieros

Las entidades financieras ofrecen a sus clientes una serie de productos. Veamos las características de algunos de ellos.

1. El préstamo bancario

Un préstamo bancario es una fuente de financiación externa, ajena y que puede ser a corto o a largo plazo. Es el producto financiero más utilizado en la estructura financiera de la empresa y el banco será el que lo ofrezca.

Un préstamo bancario tiene los siguientes elementos:

- **Capital:** el dinero que necesitamos.
- **Interés nominal:** el precio del dinero prestado.
- **TAE (Tasa Anual Equivalente):** el interés nominal más las comisiones y gastos de gestión.
- **Plazo:** la duración del préstamo.

El interés nominal será el dinero que debemos pagar de más al banco por habernos prestado el dinero. Si le sumamos las comisiones y los gastos de formalización, obtenemos la TAE.

Dependiendo de la cuantía del préstamo, el banco puede pedirnos una garantía, para demostrar que podemos devolverlo en el tiempo pactado. Las garantías más habituales suelen ser la nómina de un trabajador estable, alguna propiedad del titular del préstamo o un aval.

A la hora de formalizar un préstamo, acudiremos a diferentes bancos y compararemos los distintos elementos para elegir el más favorable.

Ejemplo. Dos socias tienen una academia de idiomas y se están planteando comprar una pizarra digital para hacer más interactivas sus clases

Buscan información en Internet sobre préstamos de distintas entidades financieras y eligen las mejores ofertas. Después, visitan los bancos. La mejor opción es la de la entidad que ya les ha concedido otro préstamo, lo que se plantea como un inconveniente por parte de la entidad financiera.

Ante esta situación, el banco pide una garantía y las socias presentan como aval la nómina del trabajo fijo del marido de una de ellas. El banco lo acepta. Las características del préstamo son:

Capital inicial	4 800 €
Tipo de interés anual	4 %
Plazo (préstamo a largo plazo)	2 años
Comisiones de gestión y formalización	0
TAE (interés + comisiones)	4,21 %
Cuota a pagar todos los meses	208,48 €
Total a pagar: 208,48 x 24 meses	5 003,52 €
Dinero que se paga de más	203,52 €

14 ¿Por qué el banco pide avales? ¿Qué pasa con el aval si la empresa no paga?

15 ¿Te parece justo que haya que devolver más dinero del que te prestan?

GIMNASIA EMPRENDEDORA

¿Sabes cuál es la mejor inversión?

El equipo directivo del instituto os pide consejo porque tiene pendiente una serie de inversiones y no sabe cuál llevar a cabo.

Posibles inversiones	Coste
Pintar algunas aulas	2 300 €
Instalar una fuente en el patio	1 500 €
Modernizar la biblioteca	850 €
Total	4 650 €

Solo disponen de la mitad del presupuesto y el resto no se puede financiar en un plazo superior a tres años, con una cuota mensual no superior a 90 €, una comisión de 0,5 % del capital prestado y un tipo de interés de un 4 %.

Seguid estos pasos en grupos de cuatro:

1. Preguntad a la comunidad educativa sobre sus preferencias con respecto a las inversiones propuestas en un cuestionario de cinco preguntas de respuesta afirmativa o negativa.
2. Realizad la encuesta a los compañeros de clase, al equipo de profesores, a un miembro del personal no docente y a otro del AMPA.
3. Analizad la información obtenida.
4. Ordenad las inversiones, según los resultados de la encuesta.
5. Buscad el mejor préstamo para financiar la mitad del presupuesto:
   a) La totalidad del dinero que necesitamos en dos años y tres meses.
   b) La mitad del dinero que necesitamos en un año.
   c) La financiación de las dos mejores opciones en dos años.

Tenéis que conocer los siguientes datos de cada préstamo:

- Capital inicial.
- Tipo de interés anual/TAE.
- Plazo (préstamo a largo plazo).
- Cuota a pagar todos los meses.
- Total a pagar: (cuota mensual a pagar) x meses de duración del préstamo.
- Dinero que se paga de más.

Recuerda que cada entidad bancaria tiene en su página web una sección en la que es posible encontrar simuladores o herramientas que ayudan a calcular la cuota mensual del préstamo.

	Finanzas para todos (herramientas y calculadora)	www.finanzasparatodos.es/
	Edufinet (simuladores)	www.edufinet.com/

Para saber más

TIN son las siglas de tipo de interés nominal.

El Banco de España lo define así: «Precio del dinero. Se puede definir como la suma que se paga por obtener en préstamo una cantidad de dinero (o que se recibe por prestarlo), expresada como porcentaje de esa cantidad».

Profundiza y juega

Para saber más

El registro mercantil proporciona seguridad al tráfico comercial mediante la publicación de los datos jurídicos y económicos de las sociedades y personas inscritas en él, así como también de sus representantes.

Con una línea de crédito, podemos hacer frente a diversas actividades.

2. El préstamo hipotecario

La mayoría de las personas necesitan contratar un préstamo para la compra de una casa, ya que no disponen de la totalidad del dinero. Este tipo de préstamo se conoce como hipoteca.

En una hipoteca, la principal garantía es la vivienda que se compra y, en caso de impago, el banco se queda con ella. Para formalizar el contrato de préstamo, la entidad financiera también solicita otras garantías de tipo personal, como la nómina del titular o los titulares del préstamo.

El tipo de interés en este tipo de préstamo viene marcado por el euríbor, que es el interés que utilizan los diferentes bancos para realizar operaciones de préstamo entre ellos. En estos préstamos existen diferentes tipos de interés:

- **Fijo.** Durante la duración del préstamo, el tipo de interés no variará, de forma que siempre pagaremos lo mismo, aunque el euríbor baje o suba.
- **Variable.** El tipo de interés varía según un índice de referencia, como el euríbor. Normalmente, es euríbor + 0,5, + 0,75... en función de las condiciones del banco.
- **Mixto.** Al principio se establece un interés fijo, que luego pasa a ser variable.

Todo préstamo hipotecario lleva consigo una serie de gastos que el titular debe conocer y tener en cuenta:

- **Notaría.** Incluyen el pago a una notaría para formalizar el préstamo en escritura pública y la inscripción de la casa en el registo de la propiedad.
- **Seguro de incendios.** Es el único obligatorio al formalizar un préstamo hipotecario.
- **Gastos de asesoría.** Es el pago a la gestoría que realiza los trámites con las diversas Administraciones y la notaría.
- **Comisión de apertura del préstamo.** Solo existe en algunos casos.
- **Gastos de tasación.** La valoración de la vivienda la lleva a cabo el personal autorizado por el Banco de España.

Todos estos gastos suponen un 10 % del valor de la vivienda; por ejemplo, si el precio del inmueble es de 180 000 €, los gastos serán de 18 000 €.

3. El crédito

El Banco de España define el crédito como «un contrato por el cual una entidad financiera pone a disposición del cliente cierta cantidad de dinero, que este deberá devolver con intereses y según los plazos pactados. A diferencia del préstamo, ese capital no ha de tener necesariamente una finalidad prefijada (como la compra de un inmueble, en el caso de un préstamo hipotecario)».

La concesión de una línea de crédito por parte de una entidad financiera no supone la entrega de ningún dinero –como es el caso del préstamo–, sino la puesta a disposición de una cantidad, que el emprendedor irá retirando a medida que lo necesite. Con este producto financiero, el banco solo cobra intereses por el dinero que se ha retirado.

Ejemplo. Una empresa de calzados necesita disponer de 3 000 € para cubrir gastos

La empresa contrata un crédito e irá retirando el dinero que precise para cubrir los gastos que vayan surgiendo: el arreglo de una humedad o el pago a algún proveedor.

Si dispone de 1 800 €, el banco solo le cobrará los intereses por esa cantidad.

4. Las cuentas bancarias

La cuenta bancaria es uno de los productos financieros más utilizados. Proporciona estos servicios:

- Domiciliación de recibos. Ejemplo: el pago de la factura de la telefonía móvil.
- Obtención de tarjetas. Ejemplo: una tarjeta de crédito para aplazar las compras.
- Domiciliación de la nómina. Ejemplo: la empresa en la que trabajo ingresa mi salario en el banco.
- Transferencias de dinero entre entidades bancarias. Ejemplo: mis padres ingresan desde su banco en mi cuenta el importe de la matrícula para la Universidad.
- Cambio de euros a otras divisas (moneda extranjera). Ejemplo: voy a viajar a Nueva York y necesito cambiar euros por dólares.
- Dinero en efectivo.
- Extracto del saldo disponible.

Por todas estas gestiones, el banco nos puede cobrar una comisión de mantenimiento y administración.

Las cuentas bancarias tienen una numeración individual para el titular: el IBAN *(International Bank Account Number).*

Identificación del banco (cuatro dígitos) → Entidad

Número de verificación (dos dígitos) → Dígito de control

IBAN	Entidad	Oficina	Dígito de control	Nº de la cuenta
ESXX	XXXX	XXXX	XX	XXXXXXXXXX

IBAN: Dos letras que identifican al país de la cuenta (en este caso, España), junto con dos dígitos de control.

Oficina: Identificación de la sucursal bancaria (cuatro dígitos)

Nº de la cuenta: Número de cuenta del titular (diez dígitos).

Apertura de una cuenta

Para abrir una cuenta bancaria, necesitas un documento identificativo: el Documento Nacional de Identidad (DNI) o el Documento de Identidad de Extranjero (NIE). Si eres menor de edad y no tienes DNI, puedes presentar el Libro de Familia; en la cuenta deberán aparecer también tus padres o tutores legales.

Los no residentes deberán presentar el pasaporte o la tarjeta de identidad con fotografía, acreditación de empadronamiento en un ayuntamiento español y certificado de no residente expedido por la Policía o el consulado correspondiente.

Cancelación de una cuenta

Para cerrar una cuenta bancaria, es preciso comunicárselo al banco y entregarle los talonarios de cheques y las tarjetas asociadas. Si hay más de un titular en la cuenta, todos deberán dar su consentimiento. La operación concluye con la firma de un documento proporcionado por el banco y que nos quedaremos como justificante.

Tener una cuenta bancaria nos proporciona multitud de servicios.

Para saber más

Al domiciliar la nómina, el banco nos proporciona una serie de ventajas:

- Anticipo de la nómina.
- Préstamos con condiciones especiales.
- Acceso a la banca *online.*
- Tarjetas gratis.
- Seguros con condiciones ventajosas.

16 ¿Por qué la cuenta bancaria es uno de los productos financieros más utilizados?

17 ¿Es necesario el IBAN?

Presenta dos ejemplos de IBAN e identifica cada grupo de números.

Profundiza y juega

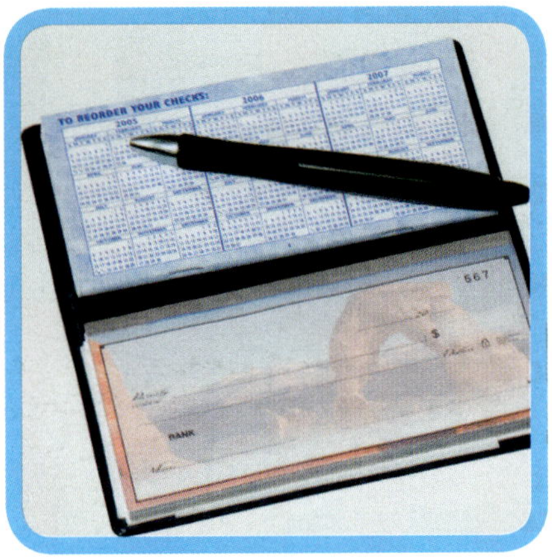

El cheque permite disponer del dinero de una cuenta corriente.

En la libreta de ahorro quedan recogidos todos los cargos y abonos.

18 ¿Qué diferencias existen entre los dos tipos de cuentas bancarias?

19 Pregunta en tu entorno qué tipo de cuenta bancaria se utiliza más. ¿Qué servicios presta esa cuenta?

20 Cuándo existe un descubierto, el banco nos cobra intereses como si se tratara de un préstamo; ¿por qué?

Tipos de cuentas bancarias

Existen dos clases de cuentas bancarias:

- **Cuenta corriente.** Nos permite depositar nuestro dinero en el banco, que nos pagará unos intereses muy bajos. Es posible disponer del dinero en cualquier momento mediante cheques.
- **Libreta o cuenta de ahorro.** Al igual que sucede con la cuenta corriente, nos permite depositar nuestro dinero y podemos retirarlo en cualquier momento presentando la cartilla. Los intereses suelen un poco más elevados que en la cuenta corriente.

El Banco de España señala las características, tanto de la cuenta corriente como de la libreta de ahorro:

- Son depósitos a la vista, porque es posible disponer del dinero depositado en cualquier momento.
- En la cuenta corriente se dispone del dinero mediante cheques y, en el caso de la libreta de ahorro, a través de una cartilla o libreta.
- Ambos productos proporcionan extractos con los movimientos bancarios; en el caso de la cuenta de ahorro, aparecen en la libreta.
- Los requisitos de apertura son bastante sencillos.
- El pago o remuneración de intereses es muy bajo. Las cuentas bancarias no están pensadas como productos de ahorro.
- El banco cobra un interés alto cuando existe un descubierto o números rojos, ya que hemos dispuesto de dinero sin tenerlo.
- Las cuentas podrán ser individuales, si solo tienen un titular, o colectivas, cuando existe más de uno.
- La retirada de dinero en el caso de cuentas colectivas se puede hacer de forma indistinta (si solo se necesita la firma de un titular) o conjunta (cuando se precisa la firma de todos los titulares).
- Existen muchas libretas de ahorro que están habilitadas para sacar dinero de los cajeros automáticos.

Los movimientos de las cuentas: el cargo y el abono

Un cargo es una salida de dinero de una cuenta bancaria; por ejemplo, la factura del gasto de telefonía móvil de este mes. Es muy aconsejable controlar en todo momento los diferentes cargos y abonos en nuestras cuentas para evitar cualquier error y, sobre todo, para controlar nuestro presupuesto.

Fecha	Concepto	Cargo	Abono	Saldo
01-06-2014	Ingreso de nómina		1 500,00	1 500,00
02-06-2014	Recibo del gimnasio	60,00		1 440,00
02-06-2014	Pago de la tarjeta de crédito	150,35		1 289,65
14-06-2014	Disposición en efectivo	300,00		989,65
16-06-2014	Transferencia recibida		255,00	1 244,65
23-06-2014	Pago del supermercado con tarjeta de débito	80,00		1 164,65

Ejemplo de cargos y abonos de una cuenta bancaria.

5. Las tarjetas

Las tarjetas son uno de los medios de pago más utilizados. Están asociadas a una libreta de ahorro o a una cuenta corriente y las emite una entidad financiera. Con las tarjetas nos olvidamos de llevar dinero en nuestros monederos.

Con ellas, podemos realizar compras de bienes y servicios en la mayoría de los establecimientos, sacar dinero desde cajeros automáticos y comprar por Internet (es la única forma de pago para operar en la Red).

Importante

Debemos elegir la tarjeta que responda a nuestras necesidades financieras, comparar las tarjetas de diferentes bancos y leer el contrato antes de firmarlo.

Tipos de tarjeta

Existen diferentes tipos de tarjetas:

- **Tarjetas de débito.** Son un medio de pago al contado, porque disponemos del dinero de nuestra cuenta bancaria asociada en el momento en el que hacemos la compra; si no hay saldo suficiente para efectuar el pago, no podremos realizar ninguna operación.
- **Tarjetas de crédito.** Son un medio de pago aplazado, porque podemos realizar distintas operaciones sin tener un saldo suficiente en la cuenta bancaria; el dinero se retirará en el plazo que se estipula en el contrato de la tarjeta (por ejemplo, el día 5 de cada mes).

Normalmente, todos los pagos se cargan a principios del mes siguiente. Si no hay saldo suficiente en la cuenta en ese momento, el banco nos cobrará intereses elevados; incluso, puede bloquearnos la tarjeta.

Una tarjeta es dinero de plástico.

El banco cobra una comisión por sacar dinero de un cajero de otra red comercial.

Comisiones por el uso de tarjetas

Las comisiones que cobran los bancos a sus clientes por la emisión y el mantenimiento de las tarjetas de crédito y débito son:

- Cuota por emisión y por renovación.
- Comisión por la retirada de efectivo en cajeros automáticos que no pertenecen a la red del banco emisior de la tarjeta.
- Comisiones por pagos en el extranjero.
- Comisiones por la emisión de duplicados antes de la fecha de renovación de la tarjeta.

21 Señala dos ventajas y dos inconvenientes de las tarjetas de crédito y débito.

22 ¿Qué tipo de tarjetas podemos utilizar en establecimientos comerciales?

Profundiza y juega

En general, los costes de las tarjetas de crédito son superiores a los costes de las de débito. El cliente debe conocer las características de cada una antes de firmar el contrato.

- **Tarjetas comerciales.** Son tarjetas emitidas por empresas, que permiten realizar compras en sus establecimientos. La mayoría de estos establecimientos trabajan con un banco que es el que realmente emite la tarjeta.
- **Tarjetas monedero o prepago.** Disponen de una cantidad de dinero límite y se suelen utilizar para realizar pequeños pagos; una vez que se agota el dinero, se vuelven a cargar. Es muy habitual comprar en Internet con ellas, ya que solo se arriesga la cantidad de dinero de la tarjeta.
- **Tarjetas de fidelización.** Son tarjetas con las que se acumulan puntos, que luego nos permiten obtener descuentos en la compra de bienes o servicios.

Las empresas que acepten el pago con tarjeta de sus clientes deberán abonar una comisión al banco a cambio de ofrecer ese servicio al cliente.

Elementos de una tarjeta

Anverso

Reverso

> **23** ¿Qué tipo de tarjeta es una tarjeta regalo? ¿Y el bonobús? Pon más ejemplos de esta clase de tarjetas.

La compra con una tarjeta

En un establecimiento:

1. Presenta la tarjeta.
2. En algunas ocasiones, te pedirán el DNI.
3. Introduce la tarjeta en el datáfono.
4. Otras veces, el personal del comerio pasa la tarjeta por un lector de banda.
5. Marca el número PIN.
6. En algunas ocasiones, te pueden pedir la firma.

En Internet o telefónicamente:

Marca o di:

1. El número de la tarjeta.
2. La fecha de caducidad.
3. El código CVC del reverso de la tarjeta.

Vocabulario emprendedor

PIN *(Personal Identification Number)*: número de identificación personal de la tarjeta. Está formado por cuatro números. Debe ser seguro para evitar posibles robos.

Con el PIN se puede acceder al sistema, sacar dinero y realizar más servicios en el cajero automático.

El datáfono es un aparato que permite comprar con tarjeta en los establecimientos.

En una compra a través de Internet, busca sitios web fiables.

La extracción de dinero

Para sacar dinero, acude a un cajero automático de una entidad bancaria (en el exterior de los bancos o en centros comerciales), que suelen estar operativos 24 horas al día.

1. Introduce la tarjeta en el cajero.
2. Marca el número PIN.
3. Sigue las instrucciones que aparecen en pantalla.

Los cajeros automáticos también permiten:

- Recargar las tarjetas prepago.
- Cambiar el número PIN.
- Consultar el saldo de la libreta de ahorro.
- Comprar entradas de espectáculos.

Profundiza y juega

La tarjeta es nuestro dinero: tomemos precauciones.

Recomendaciones de seguridad

El Banco de España nos da algunas recomendaciones para operar con tarjetas:

- No anotar nunca el número PIN en la tarjeta.
- Evitar la coincidencia del PIN con la fecha de nacimiento o con una parte del DNI, por ejemplo.
- Firmar en el reverso de la tarjeta en el momento de recibirla.
- Mostrar algún documento de identificación al utilizar la tarjeta.
- Tomar medidas de confidencialidad al operar en establecimientos o en cajeros: tapar el teclado al marcar el PIN o no perder de vista la tarjeta al pagar en un establecimiento.
- Llevar anotado el número de teléfono que la entidad facilita para llamar en caso de robo o urgencia .

6. La banca a distancia

Cada vez con más frecuencia, los horarios laborales nos impiden acudir a las entidades financieras para realizar las operaciones diarias. Por esta razón, tenemos a nuestra disposición la banca *online* y la banca telefónica, que permiten operar las 24 horas del día y suelen ofrecer buenas condiciones en sus productos. Sin embargo, en ellas hay más posibilidad de fraude y, en el caso de la banca *online*, es preciso tener conocimientos informáticos.

Importante

En las páginas web de las entidades financieras podemos encontrar información sobre los productos que ofrecen, tanto los bancos tradicionales como los la banca *online*.

GIMNASIA EMPRENDEDORA

En busca del mejor producto financiero

El AMPA del instituto está buscando la entidad bancaria que ofrezca las mejores condiciones del mercado para abrir una cuenta de ahorro (con tarjeta de crédito asociada) y nos solicita información.

¡Tenemos que encontrar los mejores productos financieros!

Parte A

Toda la clase analizará las distintas entidades financieras que hay en el barrio y lo que puede ofrecer la banca *online.* Para ello, seguiremos estos pasos:

1. Realizad dos listas: una con las entidades bancarias y otra con los bancos *online*.
2. Dividid la clase en grupos de tres o cuatro personas y repartid los bancos de ambas listas entre los grupos (todos deben tener ambas listas; no importa que se repitan).
3. Investigad sobre las libretas de ahorro, las tarjetas de crédito y los servicios extras que ofrecen los bancos (es importante no olvidar las comisiones de los diferentes productos). Esta es una labor de grupo.
4. Presentad el resultado de la investigación por medio de diapositivas, que expliquen las características de cada uno de los productos analizados. Cada grupo dispondrá de diez minutos para exponer en el aula su trabajo.
5. Realizad una puesta en común y elegid los mejores productos financieros.

Parte B

¡Ya estáis preparados para dar una respuesta al AMPA!

Una vez seleccionados los mejores productos financieros, responded a una serie de cuestiones que os plantea el AMPA.

1. ¿Qué comisiones y gastos tienen ambos productos, por apertura, renovación y cancelación?
2. ¿Hay qué tener un saldo mínimo en la cuenta de ahorro?
3. ¿Cuál es la remuneración de la cuenta de ahorro?
4. ¿Ofrece la entidad servicios extras? ¿Tienen algún coste?
5. Si existiera un descubierto en la tarjeta o en la libreta de ahorro, ¿qué interés cobraría el banco?
6. ¿Cuánto cuesta sacar dinero en un cajero perteneciente a la red del banco propio y en un cajero que no pertenezca a la red? ¿Y sacar dinero en el extranjero con la tarjeta?

Realizad un informe con las respuestas a estas cuestiones y entregádselo al AMPA.

Recuerda estos consejos:

Normas para hacer una presentación con éxito:

- No la hagas muy larga.
- Incluye un índice de presentación.
- Diseña cada diapositiva con poco texto.
- Incluye fotos o gráficos: una imagen vale más que mil palabras, no lo olvides.
- Considera la posibilidad de incluir un video de tres o cuatro minutos.
- Presenta, si es posible, algún ejemplo o muestra real del producto (lo puedes recrear tú mismo).
- No olvides hacer una despedida con un toque de humor o una frase original que distinga tu presentación.

Normas para hablar en público:

- Conoce al detalle la presentación.
- Ensaya previamente la exposición.
- Prepara una serie de tarjetas con la información que no está en la presentación, pero que debes mencionar.
- Dirígete al público, pero no fijes la mirada en nadie en concreto.
- No utilices coletillas en tu exposición.
- No hables con rapidez ni con demasiada lentitud, lleva un ritmo adecuado.
- Vocaliza a la hora de hablar.
- Si te equivocas, reconócelo y rectifica.
- Prepara un vaso de agua para recuperar la tranquilidad ante posibles bloqueos.
- Permite la participación de los asistentes.

En tu vida de estudiante y en la profesional, vas a tener que preparar muchas presentaciones y hablar en público: no olvides estas recomendaciones

Profundiza y juega

7. Derechos y obligaciones de los consumidores de productos financieros

El Banco de España señala una serie de derechos y obligaciones que es preciso tener en cuenta a la hora de contratar cualquier producto financiero. Destacamos los más significativos:

DERECHOS
Antes de contratar:
- Recibir información sobre comisiones bancarias y los gastos que puede cobrar el banco. - Conocer los modelos de contrato de las operaciones o productos ofrecidos por las entidades financieras. - Recibir de la entidad de crédito toda la información necesaria para entender bien la operación o producto ofertado.
Al contratar:
- Recibir un ejemplar del contrato (según la Orden EHA/1608/2010, de 14 de junio, sobre transparencia de las condiciones y requisitos de información aplicables a los servicios de pago, y la Orden EHA 2899/2011, de 28 de octubre, de transparencia y protección del cliente de servicios bancarios).
Después de contratar:
- Recibir los extractos y los documentos de liquidación de intereses y comisiones bancarias para las operaciones no consideradas de pago. - Recibir información previa sobre los cambios que decida la entidad sobre el tipo de interés, las comisiones bancarias y los gastos de las operaciones que afecten al consumidor. - Disponer de un procedimiento para resolver las reclamaciones, quejas y consultas (en caso de no estar de acuerdo con la entidad) o ante cualquier duda que pueda surgir. - En el caso de un producto de ahorro, el consumidor deberá recibir la remuneración con los intereses pactados inicialmente o posteriormente modificados por la entidad, previa comunicación al cliente.
OBLIGACIONES
- Informar a la entidad sobre las circunstancias económicas y personales y entregar la documentación requerida. La información correcta es necesaria para que la entidad analice el riesgo de la operación, antes de concederla. - El cliente también se compromete, si así estuviera pactado, a comunicar cambios de domicilio, de estado civil, de régimen económico del matrimonio y cualquier otra circunstancia personal y financiera. - Pagar puntualmente las cuotas periódicas, intereses y comisiones bancarias pactadas. - En caso de las tarjetas, custodiar debidamente el PIN.
Fuente: Banco de España

24 ¿Qué derecho y obligación consideras más importante?

25 ¿Qué se puede hacer si algún derecho no se cumple o si la entidad financiera impone una cláusula abusiva?

5 Otras formas de financiación

Ya conocemos las fuentes de financiación tradicional de una empresa: la financiación propia (aportada por los dueños de la empresa) y la ajena (los fondos procedentes, en su mayoría, de las entidades financieras).

Hemos visto también que la mayor parte del capital de una empresa proviene de los bancos, que son los intermediaros financieros más importantes: conceden préstamos, permiten la apertura de líneas de crédito, ofrecen cuentas corrientes para realizar operaciones de cobro y gasto... Pero, ¿qué pasa si algunas personas o empresas te ayudan a financiar tus proyectos?

Vamos a ocuparnos de otros tipos de financiación ajena:

- **Financiación colectiva, *crowdfunding* o micromecenazgo.** Es la aportación de personas anónimas, que crean una red de cooperación, normalmente en Internet, para contribuir con pequeñas cantidades de dinero a los proyectos de emprendedores que consideran interesantes.
- ***Business angels* o ángeles de los negocios.** Son personas que prestan su dinero a un proyecto emprendedor a cambio de ser propietarios de parte de la empresa.
- **Microcréditos.** Son pequeños préstamos para la puesta en marcha de un proyecto emprendedor; están pensados para personas con escasos recursos y que no cuentan con las garantías exigidas por un banco.
- **Banco del tiempo.** Es un sistema de intercambio de servicios por tiempo. Los miembros de este banco cambian favores por favores, de forma que se fomenta la posibilidad de acceder a servicios desde cualquier posición económica.
- **Aceleradoras de empresas.** Son compañías que se dedican a ayudar y tutorizar a las empresas en sus inicios, sobre todo, a las de carácter tecnológico.
- **Moneda social.** Bernard Lietaer considera que el dinero local es «el acuerdo dentro de una comunidad de usar algo como medio de intercambio».

  La moneda social es dinero que se crea y utiliza con la finalidad de potenciar el trabajo y el consumo de la zona. Persigue un objetivo de ayuda mutua y no la obtención de un beneficio.

Interactúa con el sistema

¿A qué persona o institución de tu localidad puedes invitar a clase para que hable de otras fuentes de financiación?

La posibilidad de disponer de otras formas de financionación ayuda al emprendedor.

Profundiza y juega

6 El análisis del patrimonio empresarial

Importante

Recuerda que entre los gastos debe estar el ahorro, para no vivir al día y disponer siempre de un fondo de dinero que cubra cualquier imprevisto.

Para alcanzar sus objetivos, todo emprendedor necesita la planificación de las diferentes tareas y el análisis de todos los recursos que va a necesitar. Esta información llega al área financiera o a su responsable, que será quien determine las fuentes de financiación en función de las características del mercado y de los productos financieros más ventajosos.

Los responsables de la administración de las finanzas recogen en un documento los diferentes productos financieros y las inversiones de la empresa, para llevar un orden adecuado y no caer en un sobreendeudamiento, que puede conllevar la desaparición de la empresa. Existen dos documentos que recogen todas estas transacciones: el presupuesto y el balance de situación.

1. El presupuesto

El presupuesto es un documento que determina el dinero del que se dispone. Para elaborarlo de forma correcta, es preciso conocer los ingresos y los gastos que una empresa va a tener durante un periodo de tiempo determinado.

- Los ingresos se obtendrán, principalmente, con la venta de los productos.
- Los gastos resultarán al sumar los pagos realizados por la empresa: las nóminas, los gastos de mantenimiento de la maquinaria, el pago de los comisiones e intereses al banco, el alquiler del local, los consumos de luz o teléfono, etc.

Para que el presupuesto sea favorable, se debe gastar menos de lo que se ingresa.

El consumo responsable

Las familias y las empresas necesitan gestionar su presupuesto para llegar a fin de mes o para cumplir con sus obligaciones financieras. Esto se conoce como consumo responsable. El Banco de España proporciona estos consejos:

- Asumir el control de la economía y no dejarse llevar por las circunstancias.
- Gastar menos de lo que se ingresa.
- Destinar una parte de los ingresos al ahorro.
- Ajustar el presupuesto, recortando gastos superfluos.
- Establecer objetivos concretos y trazar un plan de ahorro para alcanzarlos.
- Revisar el plan de ahorro cada cierto tiempo para adaptarlo a los cambios.
- Mantener una cantidad de dinero disponible para los imprevistos.
- Controlar las deudas (la cuota mensual de los préstamos) y los pequeños gastos.

2. El balance de situación

El balance de situación es un documento que refleja las inversiones, los derechos de cobro, las obligaciones de pago (financiación ajena) y el patrimonio (los fondos propios). La empresa lo elabora al final del año.

El balance financiero se estructura en torno a tres conceptos: el activo, el pasivo y el patrimonio neto. El **activo** incluye los bienes o inversiones realizadas y los derechos de cobro (el dinero que los clientes deben a la empresa). El **pasivo** incluye todas las

26 ¿Qué información nos ofrece un presupuesto y un balance de situación?

27 ¿Por qué el ahorro se considera un gasto en el presupuesto?

28 ¿Qué es el consumo responsable? Pon tres ejemplos que afecten a tu vida cotidiana.

29 Calcula el presupuesto en el siguiente caso:

María es una emprendedora que necesita conocer su presupuesto mensual, por lo que hace una lista con los gastos e ingresos que va tener:

Gastos
- Teléfono móvil: 10 €.
- Luz: 55 €.
- Comisiones de la tarjeta de débito: 15 €.
- Ahorro: 20 €.
- Alquiler: 300 €.

Ingresos
- Ventas en su negocio: 500 €.

¿Tiene dinero para hacer una inversión en su negocio?

30 Realiza tu presupuesto personal de un mes, detallando tus ingresos y gastos.

deudas y la financiación ajena: las obligaciones a largo plazo (superiores a un año) y las obligaciones a corto plazo (inferiores a un año). El **patrimonio neto** recoge las aportaciones de los dueños de la empresa y las ganancias obtenidas.

El activo y el pasivo de un balance deben estar equilibrados.

En toda empresa se debe cumplir la **ecuación fundamental del patrimonio:**

Activo (bienes y derechos) – Pasivo = Patrimonio neto

Esto significa que los fondos propios son igual a la suma de las inversiones menos las obligaciones. También podemos decir:

Total activo (bienes y derechos) = Total (pasivo + Patrimonio neto)

Para poder llevar a cabo sus inversiones (total activo), una empresa necesita una cantidad de fondos propios (patrimonio neto) y otra de fondos ajenos (pasivo).

Ejemplo. El cálculo del patrimonio

Una empresa dispone de un local valorado en 250 000 €, por el que le han concedido un préstamo bancario por un total de 200 000 €; además, tiene 800 € de otro préstamo pendiente por una furgoneta valorada en 1 500 €. En su libreta de ahorro tiene 1 000 € y en la caja de la empresa, 300 €. ¿Cuál es su patrimonio?

Activo = 250 000 + 1 500 + 1 000 + 300 = 252 800 €.

Pasivo = 200 800 €

Patrimonio neto = 252 800 – 200 800 = 52 000 € de fondos propios.

También podemos decir:

Activo (252 800 €) = Patrimonio neto (52 000 €) + Pasivo (200 800 €)

ACTIVO	PATRIMONIOS NETO Y PASIVO
Bienes: Local: 250 000 € Furgoneta: 1 500 € Dinero en banco: 1 000 €	Fondos propios: Patrimonio neto: 52 000 €
Dinero en efectivo: 300 €	
Derechos de cobro: 0 €	Obligaciones: Préstamo del local: 200 000 € Préstamo de la furgoneta: 800 €
Total activo: 252 800 €	Total PN y pasivo: 252 800 €

Nuestras inversiones, por valor de 252 000 €, son financiadas con nuestro dinero (52 000 €) y con dinero que presta por el banco (200 800 €).

Vocabulario emprendedor

¿Qué palabra de esta unidad quieres incluir en tu diccionario emprendedor? Explícala con tus palabras.

31 En el balance de situación de una empresa, ¿dónde se recogen las inversiones, los fondos ajenos y propios?

32 ¿Qué significa?

Patrimonio neto = activo (bienes y derechos) – pasivo.

Total activo (bienes y derechos) = total (pasivo + patrimonio neto).

33 Calcula y explica el patrimonio de esta empresa, en las siguientes situaciones:

Una empresa dispone de un local valorado en 450 000 €, por el que le han concedido un préstamo bancario de 350 000 €. Además, tiene 500 € de otro préstamo pendiente por una maquinaria valorada en 1 300 €; en su libreta de ahorro tiene 1 500 € y en la caja de la empresa, 900 €.

La misma empresa, al año siguiente, dispone del mismo local y la misma maquinaria. De préstamo del local le quedan pendientes 300 000 €, y de la maquinaria, 250 €. En su libreta de ahorro tiene 4 000 € y en la caja de la empresa, 1 500 €.

¿Ha aumentado su patrimonio al año siguiente?

PROYECTO DE UNIDAD: «¿SOMOS EMPRENDEDORES?»

Introducción

Esta unidad ha puesto de manifiesto que debemos elegir las inversiones más adecuadas para la actividad empresarial y las fuentes de financiación más baratas.

Por ello, a la hora de contratar cualquier producto financiero, compara siempre las condiciones de diversas entidades financieras. Recuerda que también puedes complementar la financiación tradicional con la llamada financiación alternativa.

Proceso

¿Dónde podemos contratar otro tipo de financiación que no sea la de un banco?

Paso 1

En parejas, vamos a investigar sobre los diferentes organismos que ofrecen otro tipo de financiación, y si existe alguno en la zona. Con la información obtenida, realizaremos una puesta en común en el aula.

Paso 2

Elaboramos una encuesta para conocer el grado de conocimiento de los empresarios del barrio sobre este tipo de financiación.

La encuesta será sencilla, con respuestas afirmativas y negativas.

Nos dividiremos el barrio, realizaremos la encuesta y analizaremos los datos obtenidos.

Paso 3

A la vista de los resultados de la encuesta, en grupos de cuatro, elaboraremos un informe para explicar la existencia de otro tipo de financiación y dónde se puede encontrar.

Este informe se debe colgar en la página del centro y difundir entre los empresarios del barrio.

Recomendación

Para que la puesta en común sea más enriquecedora, podéis celebrar un acto de presentación del informe e invitar a empresarios y entidades financieras del barrio. No dejéis que una presentación descuidada arruine lo que podría ser un proyecto especialmente innovador.

Interioriza

Anota en tu diario emprendedor los dos organismos a los que acudirías primero para financiar tu idea. Explica dos situaciones de la semana en las que vas a poner en práctica algunas de las habilidades y actitudes aprendidas.

Comparte y ayuda

¿Qué le dirías a los compañeros del año próximo cuando trabajen esta unidad? ¿Qué ha sido lo más importante para ti?

ANEXO

¿Creamos un modelo de negocio?

Cuando un emprendedor se plantea la puesta en marcha de una idea de negocio, le resulta complicado crear un proyecto completo que contenga todos los aspectos que hay que tener en cuenta. Un modelo de negocio puede ayudar a materializar nuestra idea.

En un modelo de negocio debemos plasmar los conceptos básicos de una idea de negocio: qué es lo que vamos a hacer, cómo lo vamos a hacer, cuánto dinero esperamos ganar, cuánto nos va a costar y a quién vamos ofrecer nuestros productos o servicios.

El modelo de negocio debe servir como documento de referencia y guía de nuestro trabajo, de forma que podamos ir modificándolo y ajustándolo a las novedades que vayan surgiendo.

Para elaborar un modelo de negocio, hemos de tener en cuenta las siguientes acciones:

1. Tener en cuenta a los **clientes** a los que irá dirigido nuestro bien o servicio.
2. Definir lo que nos diferencia de nuestros **competidores,** marcando los aspectos más significativos de nuestros productos.
3. Establecer los **canales de distribución** que se van utilizar (mayorista o minorista) para que el bien o servicio llegue al cliente en unas condiciones óptimas.
4. Fijar las distintas **estrategias de comercialización** para dar conocer nuestro bien o servicio.
5. Determinar las distintas actividades que realizaremos para conseguir clientes fieles y estimular las **ventas.**
6. Concretar todas las **inversiones** de carácter económico y financiero.
7. Fijar el **proceso de producción** desde el principio, cuando adquirimos las materias primas, hasta el final, cuando vendemos al cliente.
8. Establecer alianzas con **proveedores** y empresas a la hora de ofrecer nuestro producto.
9. Decidir cómo vamos a obtener los **ingresos** de nuestro negocio.
10. Conocer los distintos tipos de **costes** que va a suponer la puesta en marcha de nuestra idea de negocio.

PRACTICA **PISA**

¿Cómo organizamos los gastos?

M.ª Isabel y Alfonso han pensado en ir al parque de atracciones al finalizar los exámenes y se han puesto a hacer cuentas para comprobar si tienen dinero. El importe de las entradas al parque es de 45 zeds. Tienen 10 zeds ahorrados y entre los dos reciben una paga de sus padres por un importe de 140 zeds. Han decidido organizarse y hacer una lista para saber qué gastos deberán afrontar con su paga.

Estaba pensando en gastar 30 zeds en ropa... 8:35

El regalo de mi amiga cuesta 25 zeds. 8:37

El material escolar vale 15 zeds. 8:38

Me gasto 50 zeds al mes en gasolina para la moto. 8:41

Y nos gastaremos unos 20 zeds en el parque de atracciones... 8:50

¡Ya son 140 zeds y no hemos incluido las entradas! 8:53

Tenemos que reorganizar los gastos... 9:01

PREGUNTA 1 ¿Cómo pueden organizar M.ª Isabel y Alfonso su presupuesto? ¿Qué gastos deben cubrirse y cuáles pueden pasar al mes próximo? ¿Pueden renunciar a algo? Ordena los gastos por orden de importancia y elabora una nueva lista de gastos.

¡Recuerda que disponen de 10 zeds ahorrados! 11:50

GASTOS MENSUALES	IMPORTE ZEDS
(Gasto muy necesario)	(Importe)
(Gasto necesario)	(Importe)
(Gasto menos necesario)	(Importe)
(Gasto prescindible)	(Importe)
Total	140 zeds

12:00

¡Ha llegado la hora de cambiar de coche!

La familia Cuberos se está planteando cambiar de vehículo.

El modelo que se ajusta a sus necesidades de familia numerosa es un monovolumen valorado en 13 000 zeds.

Han decidido financiar la compra con un préstamo y tienen las siguientes opciones:

Opciones	Interés	Pago mensual (zeds)	Tiempo
Banco A 	11 %	282,65	5 años
Banco B 	10 %	419,47	3 años

La familia tiene que ser cuidadosa con sus gastos, porque ya tiene un préstamo por la vivienda.

PREGUNTA 2 ¿Cuáles son las ventajas y las desventajas de cada opción, teniendo en cuenta la situación financiera de la familia?

Teatro al alcance de todos los bolsillos

Un grupo de alumnos del IES Pablo Picasso quiere ir a ver siete funciones del festival de teatro para un trabajo de clase.

El teatro Maravilla ha puesto a la venta dos clases de abonos en este festival.

PREGUNTA 1 ¿La compra del bono es la mejor opción? ¿Qué abono interesa más a los estudiantes? Justifica tus respuestas.

PREGUNTA 2 ¿La adquisición del bono puede ser una mala decisión financiera para algunos alumnos? Explica por qué.

El ingreso de la nómina

La empresa en la que trabaja Carmen ingresa todos los meses el importe de su nómina en su cuenta bancaria.

Esta es su nómina:

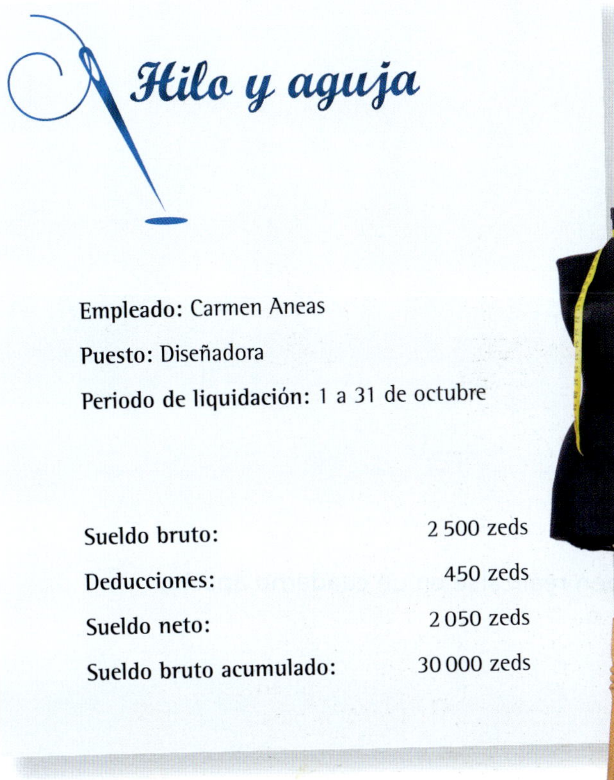

Hilo y aguja

Empleado: Carmen Aneas

Puesto: Diseñadora

Periodo de liquidación: 1 a 31 de octubre

Sueldo bruto:	2 500 zeds
Deducciones:	450 zeds
Sueldo neto:	2 050 zeds
Sueldo bruto acumulado:	30 000 zeds

PREGUNTA 1 ¿Cuánto dinero ha ingresado la empresa en la cuenta de Carmen a finales de octubre?

a) 2 500 zeds

b) 30 000 zeds

c) 2 050 zeds

d) 450 zeds

PREGUNTA 2 Carmen cambia de trabajo y la nueva empresa le pide los datos bancarios para domiciliar la nómina. ¿Cuántos dígitos tiene la cuenta bancaria? Indica a qué corresponde cada grupo de números.

Dirección del proyecto editorial
Jesús Hinojal

Autores
David Rosendo Ramos, María Soledad Aneas Franco y **Rafael Flores Díaz**

Coordinación del proyecto editorial
Estrella Marinas

Coordinación de edición
Amparo Moreno

Coordinación de preimpresión
Mar Morales

Coordinación de diseño
Cristóbal Gutiérrez

Diseño de cubiertas
Martín León Barreto

Fotografía
Shutterstock

Todas las actividades de este libro deben realizarse en un cuaderno aparte, nunca en el mismo libro.

Este libro corresponde a Educación Secundaria Obligatoria, asignatura de Iniciación a la Actividad Emprendedora y Empresarial, y forma parte de los materiales curriculares del proyecto del Grupo Editorial Bruño, S. L.

Juan Ignacio Luca de Tena, 15
28027 Madrid

ISBN: 978-84-696-1374-0
Depósito legal: M-22418-2016
Printed in Spain

BS007562/2E-4I – 7120230